ERSTE AUSGABE - Veröffentlicht 2022

Extra Grafikmaterial von: www.freepik.com
Dank an: Alekksall, Starline, Pch.vector, Rawpixel.com, Vectorpocket, Dgim-studio, Upklyak, Macrovector, Stockgiu, Pikisuperstar & Freepik.com Designers

Kostenlose Online-Spiele Entdecken

Hier Erhältlich:

BestActivityBooks.com/FREEGAMES

5 TIPPS FÜR DEN ANFANG!

1) LÖSUNG DER RÄTSEL

Die Puzzles haben ein klassisches Format :

- Die Wörter sind ohne Abstand, Bindetrich usw… versteckt
- Richtung : vor-& rückwärts, auf & ab oder in der Diagonale (beider Richtungen)
- Die Wörter können übereinanderliegen oder sich kreuzen

2) AKTIVES LERNEN

Neben jedem Wort ist ein Abstand vorgesehen zum Aufschreiben der Übersetzung. Um ihre Kenntnisse zu überprüfen und zu erweitern befindet sich am Ende des Buches ein **WÖRTERBUCH**. Suchen sie die Übersetzungen, schreiben sie sie auf, dann können sie sie in den. Puzzles suchen und ihrem Wortschatz hinzufügen.

3) ANZEICHNUNG DER WÖRTER

Haben sie schon einmal versucht eine Anzeichnung zu verwenden? Sie könnten zum Beispiel die Wörter, die schwer zu finden sind, ankreuzen, die Wörter, die sie lieben, mit einem Stern, neue Wörter mit einem Dreieck, seltene Wörter mit einem Diamant usw … anzeichnen

4) IHR LERNEN ORGANISIEREN

Am Ende dieser Ausgabe bieten wir auch ein praktisches **NOTIZBUCH** an. Ob im Urlaub, auf Reisen oder zu Hause, sie können ihr neues Wissen ganz einfach organisieren, ohne ein zweites Notizbuch zu benötigen!

5) SIND SIE AM SCHLUSS ?

Gehen sie zum Bonusbereich : **MONSTER-HERAUSFÖRDERUNG,** um ein kostenloses Spiel zu finden, das am Ende dieser Ausgabe angeboten wird !

Lust auf mehr Spaß und **Lernaktivitäten? Schnell und einfach :** eine ganze Spielbuchsammlung mit einem einzigen Klick erhaltbar :

Mit diesem Link finden sie ihre nächste Herausforderung :

BestActivityBooks.com/MeineNachsteWortsuche

Achtung, fertig, ... Los !!

Wussten sie, dass es auf der Welt ungefähr 7.000 verschiedene Sprachen gibt ? Wörter sind kostbar.

Wie lieben Sprachen und haben schwer daran gearbeitet, die Bücher von höchster Qualität für sie zu entwerfen. Unsere Zutaten ?

Eine Auswahl von angepassten Lernthemen, drei große Scheiben Spaß, dann fügen wir einen Löffel schwieriger Wörter und eine Prise seltener Wörter hinzu. Wir servieren sie mit Sorgfalt und ein Maximum an Freude, damit sie die besten Wortspiele lösen und Spaß am Lernen haben.

Ihre Meinung ist wichtig. Sie können aktiv zum Erfolg dieses Buches beitragen, indem sie uns eine Bemerkung hinterlassen. Sagen sie uns, was ihnen an dieser Ausgabe am besten gefallen hat !!

Hier ist ein kurzer Link, der sie zu ihrer Bewertungsseite führt

BestBooksActivity.com/Rezension50

Vielen Dank für ihre Hilfe und viel Spaß

Linguas Classics

1 - Ozean

```
G R A N C H I O T S K O S T
M B R E P O L P O S X F P O
M A R E E A R K L B S J U N
F R X X C E B A L E N A G N
S C X A N G U I L L A Y N O
T A R T A R U G A L T E A K
S Q U A L O B T X K O C J T
L M K C P J U H M X J T M E
D E L F I N O P E S C E R M
C D S C O G L I E R A F O P
M U L O X C J Z O J Q L E E
Y S O S T R I C A N D Z E S
G A M B E R E T T O D Z A T
Q X C A Q L Z I M E W E N A
```

ANGUILLA
OSTRICA
BARCA
DELFINO
PESCE
GAMBERETTO
MAREE
SQUALO
CORALLO
GRANCHIO

POLPO
MEDUSA
SCOGLIERA
SALE
TARTARUGA
SPUGNA
TEMPESTA
TONNO
BALENA
ONDE

2 - Schule #1

```
R  T  M  L  I  B  R  I  F  K  Z  I  S  F
I  B  I  B  L  I  O  T  E  C  A  N  E  B
S  M  A  T  E  M  A  T  I  C  A  S  D  X
P  E  R  I  M  P  A  R  A  R  E  E  I  T
O  S  N  A  I  Y  A  M  I  C  I  G  A  M
S  A  C  P  A  S  T  Q  S  A  O  N  K  X
T  M  A  R  Q  U  I  Z  Q  R  E  A  F  L
E  I  R  A  I  F  L  T  O  T  X  N  D  I
K  T  T  N  M  V  M  A  N  A  A  T  B  L
J  G  E  Z  B  A  A  L  F  A  B  E  T  O
K  U  L  O  U  C  T  N  M  Y  R  W  R  J
J  W  L  X  C  C  Y  I  I  A  R  B  B  N
W  P  E  N  N  E  Z  G  T  A  M  T  B  B
L  E  G  G  E  R  E  S  O  A  Z  Y  A  T
```

ALFABETO	MATEMATICA
RISPOSTE	PRANZO
BIBLIOTECA	CARTELLE
MATITA	CARTA
LIBRI	ESAMI
AMICI	QUIZ
AULA	SCRIVANIA
INSEGNANTE	PENNE
PER IMPARARE	SEDIA
LEGGERE	

3 - Meditation

```
S N A T U R A M A C P A G I
Y I B D F T R E T H R C R N
M Q L S G Y U N T I O C A S
C C I E E I M T E A S E T E
O A R J N S U A N R P T I G
M D O F T Z S L Z E E T T N
P A C E I P I E I Z T A U A
A S H L L E C O O Z T Z D M
S V W I E N A P N A I I I E
S E W C Z S B L E C V O N N
I G Z I Z I X C N A A N E T
O L P T A E R E O L J E U I
N I D À Y R W J P M E N T E
E O K Y A I P B W A T U L T
```

ACCETTAZIONE
ATTENZIONE
GRATITUDINE
GENTILEZZA
PACE
PENSIERI
MENTALE
FELICITÀ
CHIAREZZA

INSEGNAMENTI
COMPASSIONE
MUSICA
NATURA
PROSPETTIVA
CALMA
SILENZIO
MENTE
SVEGLIO

4 - Meisterschaft

```
X X L S T R A T E G I A V S
M E D A G L I A S A M L I P
F M G I O C H I S U T L T O
W I O T O R N E O P E E T R
O A N T O G B S W C E N O T
S Q G A I N U R Y X C A R I
I Q I B L V L E G A A T I V
R N U B C I A C X T M O A O
S U D A T G S Z C I P R C S
U N I C D G T T I E I E G U
U Z C F U R C Y A O O N K D
M I E G Z Y A J D Z N C M O
P R E S T A Z I O N E E C R
R E S I S T E N Z A E J T E
```

RESISTENZA   GIUDICE
CAMPIONE   SUDORE
FINALISTA   VITTORIA
LEGA   GIOCHI
SQUADRA   SPORTIVO
MEDAGLIA   STRATEGIA
MOTIVAZIONE   ALLENATORE
PRESTAZIONE   TORNEO

5 - Insekten

```
B  T  V  L  I  B  E  L  L  U  L  A  K  D
M  F  T  E  R  M  I  T  E  H  D  A  P  D
C  A  U  H  S  R  D  U  C  S  Z  B  C  E
I  A  N  R  E  P  P  B  O  S  P  O  O  C
C  J  C  T  Y  P  A  M  T  E  U  C  C  A
A  R  H  L  I  A  F  I  D  E  L  O  C  L
L  F  S  I  X  D  O  F  O  K  C  L  I  A
A  A  X  G  Q  W  E  D  F  L  E  E  N  B
O  R  H  X  K  J  G  Z  O  O  V  O  E  R
L  F  W  Z  A  N  Z  A  R  A  E  T  L  O
L  A  R  V  A  N  Q  N  M  I  R  T  L  N
G  L  Z  D  C  C  A  U  I  W  M  E  A  E
N  L  Y  J  S  Q  N  X  C  A  E  R  H  R
F  A  L  E  N  A  M  J  A  S  H  O  G  P
```

FORMICA	COCCINELLA
APE	FALENA
AFIDE	ZANZARA
PULCE	FARFALLA
MANTIDE	TERMITE
CALABRONE	VESPA
COLEOTTERO	VERME
LARVA	CICALA
LIBELLULA	

6 - Dinosaurier

```
M B Z E V O L U Z I O N E N
P A S C O M P A R S A M W B
E R M P R E I S T O R I C O
R E E M C A R N I V O R O A
B T E D U R A P A C E B M N
I T L P A T T F O S S I L I
V I P O D E A E N P Z L S B
O L Z T D R G Z N E X T T Q
R E R E N R L G I C C I S A
O M A N L A I R V I H O Y C
W S L T C N A A O E O F D G
M H I E N K O N R W J U T A
E N O R M E I D O Z J E H R
V I Z I O S O E C A R S M M
```

ONNIVORO	GRANDE
SPECIE	TAGLIA
PREDA	POTENTE
VIZIOSO	MAMMUT
ENORME	ERBIVORO
TERRA	PREISTORICO
EVOLUZIONE	RAPACE
CARNIVORO	RETTILE
ALI	CODA
FOSSILI	SCOMPARSA

7 - Obst

```
R C L T U F Y P E D Q B C X
N R O A X K Q R K N D A I A
E C P E S C A U B L J N L C
T B A C C A S G O I K A I M
T L P V U V A N W M U N E E
A A A R O D Y A S O B A G L
R M I A C C A N A N A S I A
I P A R P H A Y L E U E A S
N O H A Y N E D H K X P Q J
A N L N C M E L O N E E D P
N E K C B O Y I L T E R Y S
G Z F I E R B S O Q W A Y B
S C K A W A L B I C O C C A
N O C E D I C O C C O B G B
```

ANANAS	KIWI
MELA	NOCE DI COCCO
ALBICOCCA	MELONE
AVOCADO	NETTARINA
BANANA	ARANCIA
BACCA	PAPAIA
PERA	PESCA
MORA	PRUGNA
LAMPONE	UVA
CILIEGIA	LIMONE

8 - Schule #2

```
E  R  G  R  A  M  M  A  T  I  C  A  A  K
D  R  I  N  S  E  G  N  A  N  T  E  P  B
U  F  O  R  B  I  C  I  T  T  R  W  P  U
C  L  C  I  Z  A  Q  K  J  K  W  K  R  Z
A  E  H  C  I  R  U  E  F  C  S  K  E  M
Z  T  I  Z  A  F  W  T  C  T  F  N  N  A
I  T  C  A  U  L  L  G  O  M  M  A  D  T
O  E  O  I  R  S  E  L  I  B  R  I  I  I
N  R  M  N  I  C  T  N  U  Z  U  K  M  T
E  A  P  O  N  I  T  P  D  F  D  S  E  A
J  T  U  Y  N  E  U  X  E  A  X  X  N  A
L  U  T  D  T  N  R  U  P  N  R  S  T  U
Z  R  E  S  J  Z  A  F  Y  E  N  I  O  T
C  A  R  T  A  A  P  Q  Y  J  X  E  O  D
```

EDUCAZIONE	LETTURA
MATITA	LETTERATURA
AUTOBUS	CARTA
LIBRI	GOMMA
COMPUTER	ZAINO
GRAMMATICA	FORBICI
CALENDARIO	GIOCHI
INSEGNANTE	PENNE
APPRENDIMENTO	SCIENZA

9 - Spielzeuge

```
A R T I G I A N A T O S L B
Q T A M G S L Q E S K G I I
E N K M P C Q I R A B U B C
C Z C A B A T T E R I A R I
A I P G J C L T O N O E I C
M T U I N C M L F L Y B G L
I R Z N O H C D A B Q Z O E
O E Z A G I O C H I A K P T
N N L Z A R G I L L A R L T
A O E I L X D U M H G N C A
O E D O B R P B A M B O L A
X X X N H B X E U C C Q A Y
G P R E F E R I T O G W H M
D M Z A Q U I L O N E J E C
```

AUTO
PALLA
BARCA
LIBRI
AQUILONE
BICICLETTA
PREFERITO
AEREO
ARTIGIANATO
CAMION

IMMAGINAZIONE
BAMBOLA
PUZZLE
ROBOT
SCACCHI
BATTERIA
GIOCHI
ARGILLA
TRENO

10 - Camping

```
G  E  I  N  L  B  M  A  S  W  W  E  D  G
Q  F  N  A  U  C  U  C  Y  L  K  M  I  C
A  L  S  K  N  I  B  S  A  Q  W  R  V  O
N  A  E  L  A  S  M  A  S  M  O  I  E  R
I  N  T  F  A  Q  N  M  M  O  G  W  R  D
M  T  T  H  O  G  A  A  A  N  L  N  T  A
A  E  O  Y  H  R  O  C  P  T  D  A  I  V
L  R  U  C  Y  M  E  A  P  A  F  T  M  V
I  N  J  G  T  U  D  S  A  G  U  U  E  E
C  A  P  P  E  L  L  O  T  N  O  R  N  N
A  X  U  W  C  A  B  I  N  A  C  A  T  T
N  Y  P  Q  O  T  E  N  D  A  O  D  O  U
O  E  Z  M  U  W  F  C  A  C  C  I  A  R
A  U  C  R  D  Z  T  Z  C  W  K  E  Z  A
```

AVVENTURA	BUSSOLA
MONTAGNA	LANTERNA
FUOCO	LUNA
AMACA	NATURA
CAPPELLO	LAGO
INSETTO	CORDA
CACCIA	DIVERTIMENTO
CABINA	ANIMALI
CANOA	FORESTA
MAPPA	TENDA

11 - Zeit

```
G R X N O T T E E L Q O A M
E I M X G R L M N L K S N A
H J O S G P O G M E S E N T
Z I E R I S R L W W E C U T
I G T A N N O I O J T O A I
D O P O J O O M M G T L L N
M U F U T U R O C A I O E A
I G D W K K A M E F M O M K
N D H M C A L E N D A R I O
U W D E C E N N I O N E E I
T Y N H K O Z T A U A A G N
O B W N E U S O A S Y M H H
S K Z F F Y R W J K M C G I
M E Z Z O G I O R N O K F F
```

IERI	MESE
OGGI	MATTINA
ANNO	DOPO
SECOLO	NOTTE
DECENNIO	ORA
ANNUALE	GIORNO
CALENDARIO	OROLOGIO
MINUTO	PRIMA
MEZZOGIORNO	SETTIMANA
MOMENTO	FUTURO

12 - Säugetiere

```
T  B  O  T  Z  X  C  Y  P  J  X  Y  X  P
J  O  X  U  A  Z  O  B  A  L  E  N  A  G
T  A  R  M  F  J  Y  X  N  E  T  H  J  I
G  I  Y  O  X  U  O  A  T  O  I  R  D  R
F  O  F  R  A  T  T  O  E  N  G  L  Q  A
C  W  R  X  Z  E  E  J  R  E  R  X  C  F
P  S  C  I  M  M  I  A  A  S  E  J  A  F
M  Z  J  T  L  O  I  B  Q  I  O  Y  N  A
K  Y  B  R  N  L  U  P  O  W  A  V  G  T
Z  E  B  R  A  X  A  E  D  G  N  O  U  Q
C  A  S  T  O  R  O  C  A  N  E  L  R  N
C  A  V  A  L  L  O  O  B  X  Z  P  O  M
D  Q  I  K  U  Y  Z  R  H  P  K  E  G  Y
H  S  J  E  L  E  F  A  N  T  E  Y  H  T
```

SCIMMIA	LEONE
ORSO	PANTERA
CASTORO	CAVALLO
ELEFANTE	RATTO
VOLPE	PECORA
GIRAFFA	TORO
GORILLA	TIGRE
CANE	BALENA
CANGURO	LUPO
COYOTE	ZEBRA

13 - Astronomie

```
E A M E T E O R A H R D K O
T S S A T E L L I T E C G S
E T U T F F I Q S X K R F S
R R P Y E I E N Q L U N A E
R O E X S R Q D A R W P S R
A N R N R Z O D I A C O T V
W O N E Y A C I E L O U R A
P M O B R Q Z P D B S N O T
I O V U J J I Z P E M I N O
A O A L K I Y H O O O V A R
N G I O S T E L L A U E U I
E K B S C O M E T A R R T O
T M G A G A R A L A F S A F
A T E L E S C O P I O O O D
```

ASTEROIDE	OSSERVATORIO
ASTRONAUTA	PIANETA
ASTRONOMO	RAZZO
TERRA	SATELLITE
CIELO	STELLA
COMETA	SUPERNOVA
COSMO	TELESCOPIO
METEORA	ZODIACO
LUNA	UNIVERSO
NEBULOSA	

14 - Ballett

```
K R P G P O M U S C O L I A
G I O E G R A Z I O S O S R
I T Q S M R O N P R T Y C T
J M X T F N U V B E I P O I
A O M O W X S N A O L U M S
S B K U I Y Q Q L G E B P T
S S I B S J S T L R T B O I
O J R L P I W G E A E L S C
L O W F I W C N R F C I I O
O D R W J T U A I I N C T X
P L S L L W À J N A I O O N
A P P L A U S O I R C E R N
O R C H E S T R A R A H E Z
P L K R E S P R E S S I V O
```

GRAZIOSO
APPLAUSO
ESPRESSIVO
COREOGRAFIA
ABILITÀ
GESTO
COMPOSITORE
ARTISTICO
MUSICA

MUSCOLI
ORCHESTRA
PROVA
PUBBLICO
RITMO
ASSOLO
STILE
BALLERINI
TECNICA

15 - Strand

```
O  I  S  S  R  X  N  Q  N  D  S  Q  C  G
C  Q  I  C  O  K  I  T  U  L  O  P  X  R
E  S  S  W  O  L  A  B  O  A  Z  C  O  A
A  L  O  G  X  G  E  D  T  G  C  Y  K  N
N  B  L  U  B  Y  L  M  A  U  O  L  H  C
O  M  A  R  E  R  W  I  R  N  S  O  C  H
B  A  R  C  A  P  P  N  E  A  T  M  V  I
Y  X  Z  K  F  E  P  I  D  R  A  B  A  O
R  B  A  R  C  A  A  V  E  L  A  R  C  D
S  A  N  D  A  L  I  C  Z  J  D  E  A  W
R  I  P  K  D  G  D  P  U  B  J  L  N  G
N  I  Q  A  H  C  I  M  E  U  S  L  Z  P
T  A  S  C  I  U  G  A  M  A  N  O  A  B
A  D  P  F  U  S  A  B  B  I  A  B  I  N
```

BLU	OCEANO
BARCA	OMBRELLO
DOCK	SCOGLIERA
ASCIUGAMANO	SABBIA
ISOLA	SANDALI
GRANCHIO	NUOTARE
COSTA	BARCA A VELA
LAGUNA	SOLE
MARE	VACANZA

16 - Restaurant #1

```
Q C C C F A N S I S C P F Y
U A U I O D L A W A A I O U
J M C O B T E L C C F A U P
W E I T E O W S E K F T H O
E R N O T V J A S R È T O L
C I A L A A B K H E G O W L
O E F A E G U L Y G R I C O
L R F S K L N Z O P K T A P
T A Q Z H I C A S S I E R E
E P A N E O B A T X E K N O
L Z O R E L F C X B W P E M
L P R E N O T A Z I O N E E
O P I C C A N T E I W P E N
X X R L S O E T E Z R Z C Ù
```

ALLERGIA	CUCINA
PANE	MENÙ
DESSERT	COLTELLO
CIBO	PRENOTAZIONE
CARNE	CIOTOLA
POLLO	TOVAGLIOLO
CAFFÈ	SALSA
CASSIERE	PIATTO
CAMERIERA	PICCANTE

17 - Geologie

```
C H G M E N U K M S V Y W C
O A T E L H O T I F U S O N
I B V A Y X Z O N A L U D C
T K O E C S A L E A C I D O
I F C M R P E Q R U A K E N
Y G Q A A N O R A U N X R T
C A L C I O A O L M O S O I
C O R A L L O P I D J B S N
B X C X A N C W I H M H I E
G J Z C V X Q C C E K F O N
S T A L A G M I T I T N N T
S T A L A T T I T E F R E E
A L T O P I A N O L I J A U
F O S S I L E Q U A R Z O P
```

EROSIONE
FOSSILE
FUSO
GEYSER
CAVERNA
CALCIO
CONTINENTE
CORALLO
LAVA
MINERALI

ALTOPIANO
QUARZO
SALE
ACIDO
STALAGMITI
STALATTITE
PIETRA
VULCANO
ZONA

18 - Wissenschaft

```
M E R S C I E N Z I A T O Q
O R X C O R G A N I S M O Y
L N E E D L N T C X W W Z E
E I A J Q D W U H I W W J V
C F P E S P E R I M E N T O
O O I O D M D A M U F J F L
L S A S T C E J I G Z T A U
E S N E I E R T C H M E T Z
I I T W C C S H O D D A T I
J L E T L Z A I Y D U X O O
Y E M P I A T O M O O C E N
G Q N M M I N E R A L I S E
R F L P A R T I C E L L E D
L A B O R A T O R I O R F C
```

ATOMO	MINERALI
CHIMICO	MOLECOLE
DATI	NATURA
EVOLUZIONE	ORGANISMO
ESPERIMENTO	PARTICELLE
FOSSILE	PIANTE
IPOTESI	FISICA
CLIMA	FATTO
LABORATORIO	SCIENZIATO
METODO	

19 - Bildende Kunst

```
V F O T O G R A F I A W C E
G E S S O A R T I S T A A I
O F R A R G I L L A Q A P P
N C K N F P G K D P F C O H
R E G Z I X U B K R A R L R
P R C S L C A R B O N E A I
E A D E M M E A A S F A V W
N M T B R Y N Y Z P B T O P
N I U B L A D K F E S I R I
A C A V A L L E T T O V O T
M A T I T A G K O T U I S T
S T A M P I N O N I F T M U
R I T R A T T O P V L À I R
S C U L T U R A W A P X L A
```

MATITA
FILM
FOTOGRAFIA
PITTURA
CARBONE
CERAMICA
CREATIVITÀ
GESSO
ARTISTA
VERNICE

CAPOLAVORO
PROSPETTIVA
RITRATTO
STAMPINO
SCULTURA
CAVALLETTO
PENNA
ARGILLA
CERA

20 - Sport

```
O G L H K B E R Q L E R P C
F I M O V I M E N T O G A A
G O B C R C G O L F R C L M
I C A K V I N C I T O R E P
N A S E P C S T A D I O S I
N T K Y C L L E N S L T O
A O E U U E B K O O O C R N
S R T L Y T E N N I S G A A
T E A W H T G P U F Q I L T
I L W R M A G G O M U O E O
C A R B I T R O T O A C S I
A T L E T A Q L A X D O X W
B A S E B A L L R Y R K C Z
S H I Q E G N O E R A D Y Y
```

ATLETA   GINNASTICA
BASEBALL   SQUADRA
BASKET   CAMPIONATO
MOVIMENTO   ARBITRO
HOCKEY   NUOTARE
BICICLETTA   GIOCO
VINCITORE   GIOCATORE
GOLF   STADIO
PALESTRA   TENNIS

21 - Mythologie

```
L M F T U O N O P F V H O I
K A O O X Q R A A U E M B M
U G B R R C U W R L N C R M
R I Q I T Z M G A M D R Q O
C C U R A A I D I E E E R
U O R C N I L B I N T A R T
L W M A L R N E S E T T O A
T G X P O Y M T O O A U E L
U E L Q I D G M O S T R O I
R L E G G E N D A Y Q A S T
A O G U E R R I E R O B S À
R S A R C H E T I P O D G L
D I S A S T R O J A R H Z W
U A C R E A Z I O N E N P N
```

ARCHETIPO
FULMINE
TUONO
GELOSIA
EROE
PARADISO
DISASTRO
CREAZIONE
CREATURA
GUERRIERO

CULTURA
LABIRINTO
LEGGENDA
MAGICO
MOSTRO
VENDETTA
FORZA
MORTALE
IMMORTALITÀ

22 - Restaurant #2

```
I  G  S  H  I  G  H  I  A  C  C  I  O  U
A  P  E  R  I  T  I  V  O  A  U  O  V  A
I  X  D  I  R  F  Y  M  M  M  W  Y  N  G
K  M  I  N  E  S  T  R  A  E  P  G  M  F
C  D  A  M  I  C  X  Q  P  R  A  N  Z  O
C  U  C  C  H  I  A  I  O  I  B  P  A  R
I  N  S  A  L  A  T  A  I  E  E  E  C  C
D  L  P  F  R  U  T  T  A  R  V  S  Q  H
E  K  E  S  A  L  E  O  F  E  A  C  U  E
J  L  Z  V  E  R  D  U  R  E  N  E  A  T
Y  U  I  C  E  N  A  I  R  T  D  N  H  T
G  D  E  L  I  Z  I  O  S  O  A  Q  N  A
G  J  P  S  Y  J  W  I  W  T  W  F  L  A
Z  P  Q  A  X  O  H  R  R  E  N  D  U  B
```

CENA	DELIZIOSO
UOVA	TORTA
GHIACCIO	CUCCHIAIO
PESCE	PRANZO
FRUTTA	INSALATA
FORCHETTA	SALE
VERDURE	SEDIA
BEVANDA	MINESTRA
SPEZIE	APERITIVO
CAMERIERE	ACQUA

23 - Ökologie

```
S  C  Q  W  D  F  L  R  M  N  I  D  E  V
O  O  R  P  M  A  U  N  A  T  U  R  A  O
S  M  P  G  U  U  U  W  R  R  J  R  X  L
T  U  C  R  H  N  A  S  I  J  J  M  S  O
E  N  P  L  A  A  M  N  E  Q  F  P  N
N  I  I  I  I  V  G  L  O  B  A  L  E  T
I  T  A  W  E  M  V  H  S  C  B  O  C  A
B  À  N  J  R  W  A  I  R  X  F  R  I  R
I  E  T  P  J  L  D  Q  V  F  N  A  E  I
L  P  E  E  A  H  M  G  W  E  W  B  J  P
E  Y  C  A  L  L  I  M  N  U  N  I  Z  P
J  G  N  N  A  T  U  R  A  L  E  Z  L  F
H  A  B  I  T  A  T  D  E  G  A  P  A  U
M  O  N  T  A  G  N  E  E  E  U  X  B  X
```

SPECIE
MONTAGNE
FAUNA
FLORA
VOLONTARI
COMUNITÀ
GLOBALE
CLIMA

HABITAT
MARINO
SOSTENIBILE
NATURA
NATURALE
PIANTE
PALUDE
SOPRAVVIVENZA

24 - Schokolade

```
Q A M A R O A A O C A C A O
B U A W T A H N S A L S P X
F N A R R U Y T P R N J R C
F Y N L O S T I O A Z S E A
Y R O C I M I O L M U A F L
B R A M A T A S V E C L E O
M D O L C E À S E L C E R R
G A M K L O Q I R L H S I I
U M N E E B Z D E O E O T E
L B C G M L C A A G R T O D
T A D U I N G N C I O I U J
Z L L S I A S T S H Y C O Q
F Z Z T U J R E I S X O F M
X W T O R I C E T T A J Y P
```

ANTIOSSIDANTE   CALORIE
AROMA   CARAMELLO
AMARO   POLVERE
MANGIARE   QUALITÀ
ESOTICO   RICETTA
PREFERITO   DOLCE
GUSTO   BRAMA
CACAO   ZUCCHERO

25 - Boote

```
Z Z L N M G Y F R C T F D R
W B L W O X W A I Q T K W Z
M A R E T Q B A N U L A G O
D R Z A O C E A N O M Y X N
O C Z O R F K M I T R E Z A
C A B B E M A R I N A I O U
K A U O D A Y C Q P Z Z B T
R V N N H A A G Q A Q Y I
J E D D W C K N D J T E Z C
A L B E R O X O I C T Q T O
T A P E X R F A S D E M G M
E Q U I P A G G I O R N D J
P B O A G C O R D A A A I N
Y A C H T T R A G H E T T O
```

ANCORA	MARE
BOA	MOTORE
EQUIPAGGIO	NAUTICO
DOCK	OCEANO
TRAGHETTO	LAGO
ZATTERA	MARINAIO
FIUME	BARCA A VELA
KAYAK	CORDA
CANOA	ONDE
ALBERO	YACHT

26 - Stadt

```
P  S  C  I  Y  Z  Y  R  U  C  F  M  I  K
D  E  E  I  H  O  X  D  N  L  I  I  S  K
N  B  D  C  N  O  J  Y  I  I  O  C  U  R
E  W  C  B  B  E  O  S  V  N  R  W  P  I
S  P  Q  K  Q  Y  M  S  E  I  I  A  E  S
G  A  L  L  E  R  I  A  R  C  S  E  R  T
M  N  I  B  A  N  C  A  S  A  T  R  M  O
U  E  B  Z  B  T  S  T  I  X  A  O  E  R
S  T  R  A  P  A  H  O  T  E  L  P  R  A
E  T  E  C  R  J  G  M  À  A  F  O  C  N
O  E  R  F  A  R  M  A  C  I  A  R  A  T
D  R  I  Y  Z  T  J  Q  U  Y  P  T  T  E
L  I  A  S  C  U  O  L  A  O  Z  O  O  W
G  A  S  T  A  D  I  O  T  E  A  T  R  O
```

FARMACIA	MERCATO
BANCA	MUSEO
PANETTERIA	RISTORANTE
FIORISTA	SCUOLA
LIBRERIA	STADIO
AEROPORTO	SUPERMERCATO
GALLERIA	TEATRO
HOTEL	UNIVERSITÀ
CINEMA	ZOO
CLINICA	

27 - Aktivitäten

```
B  X  D  D  T  I  L  G  E  C  B  R  A  C
P  E  S  C  A  F  E  I  W  P  P  I  R  A
G  I  O  C  H  I  T  A  R  T  E  L  T  M
C  M  A  G  I  A  T  R  M  E  C  A  I  P
H  U  F  C  D  E  U  D  A  M  E  S  G  E
L  S  C  M  E  U  R  I  G  P  R  S  I  G
A  S  G  I  W  R  A  N  L  O  A  A  A  G
M  B  P  S  R  S  E  A  I  L  M  M  N  I
I  H  Y  M  W  E  H  G  E  I  I  E  A  O
P  I  T  T  U  R  A  G  R  B  C  N  T  D
C  A  C  C  I  A  M  I  I  E  A  T  O  A
C  R  I  U  Z  T  Z  O  A  R  D  O  G  N
A  T  T  I  V  I  T  À  A  O  T  C  E  Z
F  O  T  O  G  R  A  F  I  A  P  B  J  A
```

ATTIVITÀ	ARTE
PESCA	ARTIGIANATO
CAMPEGGIO	LETTURA
RILASSAMENTO	MAGIA
FOTOGRAFIA	CUCIRE
TEMPO LIBERO	GIOCHI
GIARDINAGGIO	MAGLIERIA
PITTURA	DANZA
CACCIA	PIACERE
CERAMICA	

28 - Bienen

```
P  M  I  M  F  I  N  S  E  T  T  O  N  G
O  T  N  D  I  V  E  R  S  I  T  À  Z  D
L  F  J  B  O  E  B  E  N  E  F  I  C  O
L  B  I  S  R  A  L  C  F  E  I  B  I  Z
I  O  Z  O  I  E  B  E  R  C  D  R  B  P
N  P  R  F  R  I  H  R  U  O  A  S  O  I
E  J  J  U  W  I  U  A  T  S  L  B  R  A
Y  L  L  M  O  S  R  N  T  I  V  K  E  N
M  C  S  O  L  E  B  E  A  S  E  K  G  T
H  A  B  I  T  A  T  O  E  T  A  L  I  E
O  G  I  A  R  D  I  N  O  E  R  G  N  I
G  J  L  F  I  S  C  I  A  M  E  M  A  M
K  X  A  P  N  K  F  X  B  A  T  A  U  D
H  R  Q  Y  J  I  H  F  S  X  C  F  O  Z
```

ALVEARE	HABITAT
FIORI	ECOSISTEMA
FIORIRE	PIANTE
CIBO	POLLINE
ALI	FUMO
FRUTTA	SCIAME
GIARDINO	SOLE
MIELE	DIVERSITÀ
INSETTO	BENEFICO
REGINA	CERA

29 - Wissenschaftliche Disziplinen

```
C I N E U R O L O G I A U S
H I M E C C A N I C A Y P I
I J S M S O C I O L O G I A
M R Q F U J W A F N Z L L L
I E D L I N G U I S T I C A
C X B C I R O J S X O C A B
A E P C O X G L I D A B N I
G E O L O G I A O R A S A O
Z O O L O G I A L G P N T L
P D W Z E C O L O G I A O O
A R C H E O L O G I A A M G
B O T A N I C A I F L J I I
T E R M O D I N A M I C A A
M I N E R A L O G I A W B C
```

ANATOMIA	MECCANICA
ARCHEOLOGIA	MINERALOGIA
BIOLOGIA	NEUROLOGIA
BOTANICA	ECOLOGIA
CHIMICA	FISIOLOGIA
GEOLOGIA	SOCIOLOGIA
IMMUNOLOGIA	TERMODINAMICA
LINGUISTICA	ZOOLOGIA

30 - Vögel

```
A U O V O C P P A V O N E K
N I Q Z W O O R R P C F M B
P A R O M R L C T I S N U O
E N T O U V L F K C I G N O
L J U J N O O E P C P T C B
L T C Q N E X N A I I G I P
I P A I Z A O I P O N A C S
C G N T Z N X C P N G B O N
A U O E R A U O A E U B G P
N F C L F T Y T G J I I N X
O O P U N R H T A Z N A A H
A Q U I L A F E L C O N S E
F Y U O P O O R L O Z O K E
P A S S E R O O O J D W I D
```

AQUILA	PELLICANO
UOVO	PAVONE
ANATRA	PINGUINO
GUFO	CORVO
FENICOTTERO	AIRONE
OCA	CIGNO
POLLO	PASSERO
CUCULO	CICOGNA
GABBIANO	PICCIONE
PAPPAGALLO	TUCANO

31 - Garten

```
G  S  T  E  R  B  A  C  C  E  D  A  W  T
I  R  E  C  I  N  T  O  J  P  M  W  F  L
A  M  R  Y  W  H  A  M  A  C  A  P  P  S
R  J  R  X  R  A  S  T  R  E  L  L  O  T
D  P  A  N  C  A  T  K  T  S  B  Y  A  A
I  B  Z  G  A  R  A  G  E  P  E  B  L  G
N  C  Z  E  U  O  P  J  K  U  R  U  B  N
O  F  A  S  R  D  I  A  E  G  O  A  Z  O
H  A  C  T  U  B  O  B  Z  L  T  K  T  Z
D  Q  O  Q  A  J  A  J  F  I  O  R  E  O
P  O  R  T  I  C  O  J  K  O  E  D  Q  T
T  R  A  M  P  O  L  I  N  O  K  B  T  U
F  R  U  T  T  E  T  O  Z  C  P  T  J  C
J  H  S  S  U  O  L  O  M  A  B  W  E  R
```

PANCA	PRATO
ALBERO	RASTRELLO
FIORE	PALA
SUOLO	TUBO
CESPUGLIO	STAGNO
GARAGE	TERRAZZA
GIARDINO	TRAMPOLINO
ERBA	ERBACCE
AMACA	PORTICO
FRUTTETO	RECINTO

32 - Antarktis

```
C M I G R A Z I O N E H J N
C O A M B I E N T E T M U R
R O N T I G H I A C C I A I
I U N T E H E A A O D N W G
C C T S I M L M M E T E O H
E C O P E N P G Z H L R D I
R E P E P R E E U X Y A G A
C L O D E O V N R S Q L K C
A L G I N C E A T A I I B C
T I R Z I C N C Z E T J Z I
O F A I S I T Q B I I U Y O
R O F O O O I U T A O H R T
E Y I N L S B A I A D N Y A
G B A E A O Q Y I U Q R E S
```

BAIA
GHIACCIO
CONSERVAZIONE
SPEDIZIONE
ROCCIOSO
RICERCATORE
GHIACCIAI
PENISOLA
CONTINENTE

MIGRAZIONE
MINERALI
TEMPERATURA
TOPOGRAFIA
AMBIENTE
UCCELLI
ACQUA
METEO
VENTI

33 - Fahren

```
M  L  P  W  C  A  R  B  U  R  A  N  T  E
O  I  R  S  I  C  U  R  E  Z  Z  A  R  Y
T  C  T  B  N  A  O  T  P  O  N  U  A  M
O  E  U  U  C  T  T  R  O  Q  F  E  F  A
R  N  N  J  I  T  Z  A  L  B  P  A  F  P
E  Z  N  K  D  E  H  S  I  M  U  L  I  P
G  A  E  R  E  N  F  P  Z  T  O  S  C  A
A  A  L  P  N  Z  J  O  I  A  U  T  O  B
S  P  R  G  T  I  R  R  A  L  C  A  O  U
C  X  Y  A  E  O  H  T  P  A  I  H  Y  W
H  X  R  J  G  N  T  O  R  E  C  O  E  Y
K  M  G  J  P  E  R  I  C  O  L  O  A  H
F  R  E  N  I  C  C  C  A  M  I  O  N  G
M  Q  Q  C  V  E  L  O  C  I  T  À  I  K
```

AUTO	CAMION
FRENI	MOTORE
CARBURANTE	MOTO
AUTOBUS	POLIZIA
GARAGE	SICUREZZA
GAS	TRASPORTO
PERICOLO	TUNNEL
VELOCITÀ	INCIDENTE
MAPPA	TRAFFICO
LICENZA	ATTENZIONE

34 - Bücher

```
W  K  S  U  M  O  R  I  S  T  I  C  O  Z
L  E  T  T  O  R  E  J  A  E  M  M  F  C
C  R  O  M  A  N  Z  O  U  F  R  G  U  O
O  I  R  S  D  B  K  P  T  W  X  I  J  L
N  I  I  C  E  P  I  C  O  T  L  U  E  L
T  N  A  R  R  A  T  O  R  E  F  N  S  E
E  V  O  I  I  G  K  R  E  Q  S  S  B  Z
S  E  G  T  L  I  K  H  B  D  S  I  Z  I
T  N  J  T  E  N  K  Y  N  U  T  A  A  O
O  T  R  O  V  A  F  L  P  A  O  B  P  N
J  I  I  A  A  L  K  P  C  L  R  I  P  E
A  V  V  E  N  T  U  R  A  I  I  M  D  E
M  O  X  F  T  P  P  A  A  T  C  X  L  F
P  I  M  W  E  G  A  I  X  À  O  O  M  X
```

AVVENTURA	UMORISTICO
AUTORE	COLLEZIONE
DUALITÀ	CONTESTO
EPICO	LETTORE
INVENTIVO	POESIA
NARRATORE	RILEVANTE
STORIA	ROMANZO
SCRITTO	PAGINA
STORICO	SERIE

35 - Menschlicher Körper

```
F  K  H  P  G  I  N  O  C  C  H  I  O  S
D  F  J  X  A  R  G  I  O  U  X  P  K  P
D  I  T  O  M  O  R  G  L  B  O  J  R  A
O  P  E  Z  B  C  R  D  L  M  H  R  P  L
X  F  R  Y  A  B  S  E  O  Z  I  I  E  L
Q  R  A  Z  M  K  X  G  C  D  J  M  L  A
M  E  N  T  O  P  J  M  O  C  A  K  L  F
A  C  E  R  V  E  L  L  O  M  H  W  E  A
N  T  E  S  T  A  G  R  S  B  I  I  Q  C
O  C  A  V  I  G  L  I  A  O  N  T  O  C
L  I  N  G  U  A  D  O  N  C  A  Z  O  I
U  O  M  K  I  A  R  R  G  C  S  E  B  A
M  A  S  C  E  L  L  A  U  A  O  B  G  O
O  J  Y  C  N  R  Q  N  E  R  W  Q  J  B
```

GAMBA	MASCELLA
SANGUE	MENTO
GOMITO	GINOCCHIO
DITO	CAVIGLIA
CERVELLO	TESTA
FACCIA	BOCCA
COLLO	NASO
MANO	ORECCHIO
PELLE	SPALLA
CUORE	LINGUA

36 - Klettern

```
X G D E S C U R S I O N I M
D R F O R M A Z I O N E W B
N O S O L W L S M W I R L B
Y T J L X L T N C Q M S M E
N T S F H A I D J O I N N Q
M A T R N F T E S P E R T O
G U A N T I U L E S I O N E
T U B B K S D I F Q S N A S
E E I E R I I K E O T P F T
R M L D H C N N I E R O R I
R A I D E O E C M D E Z X V
E P T C U R I O S I T À A A
N P À Q H G A W A K T B G L
O A T M O S F E R A O A I I
```

ATMOSFERA	MAPPA
FORMAZIONE	CURIOSITÀ
ESPERTO	FISICO
GUIDE	STRETTO
TERRENO	STABILITÀ
GUANTI	FORZA
CASCO	STIVALI
ALTITUDINE	LESIONE
GROTTA	ESCURSIONI

37 - Landschaften

```
G G Q N R C F I U M E Y Q Q
E H G J R O H G C G T E T I
Y I E A J L M A R E P Y X R
S A M V U L C A N O B L M Z
E C P E N I S O L A T E R F
R C Z A B N N P Y C A T R S
D I S O L A K N I C L H A G
E A V A L L E M S A A J T O
S I N Q L A G F D S G Z Z L
E O N Y X S P Q B C O G N F
R M O N T A G N A A D D I O
T U N D R A P O Y T X C C A
O A Z O A S I L P A L U D E
H I A G M G F D J L T W Q Z
```

MONTAGNA	MARE
ICEBERG	OASI
FIUME	LAGO
GEYSER	SPIAGGIA
GHIACCIAIO	PALUDE
GOLFO	VALLE
PENISOLA	TUNDRA
GROTTA	VULCANO
COLLINA	CASCATA
ISOLA	DESERTO

38 - Abenteuer

```
A P R E P A R A Z I O N E I
T C E L N T R M G N B D S T
T D A R P S X I I S S I C I
I E H S I I P C O O B F U N
V U G U O C X I I L I F R E
I N F E U U O T A I X I S R
T A M X C R B L L T A C I A
À T N G O E M E O O J O O R
I U U K R Z D K L S O L N I
L R O G A Z O S A L O T E O
N A V I G A Z I O N E À A R
G M O I G V I A G G I Z M A
H C B G I K N B J R D Y Z Z
G O P P O R T U N I T À Z A
```

ATTIVITÀ	NUOVO
ESCURSIONE	VIAGGI
CASO	ITINERARIO
GIOIA	BELLEZZA
AMICI	DIFFICOLTÀ
PERICOLOSO	SICUREZZA
OPPORTUNITÀ	CORAGGIO
NATURA	INSOLITO
NAVIGAZIONE	PREPARAZIONE

39 - Flugzeuge

```
T M D E S I G N E C K R O A
F U D I S C E S A I I L P J
R A R Y N A V I G A R E I U
I C D B A L T E Z Z A L L X
Q U B J O S T O R I A I O O
M E T E O L A R I A I C T W
M O T O R E E F Q G D H A P
A D O S X Z U N C O R E R F
I U C O S T R U Z I O N E Q
R T U Q E Q U I P A G G I O
P A S S E G G E R O E H J Y
A T M O S F E R A E N U Z N
P A L L O N C I N O O W O Y
C A R B U R A N T E Z E A L
```

DISCESA
ATMOSFERA
PALLONCINO
CARBURANTE
EQUIPAGGIO
DESIGN
STORIA
CIELO
ALTEZZA
COSTRUZIONE

ARIA
MOTORE
NAVIGARE
PASSEGGERO
PILOTA
ELICHE
TURBOLENZA
IDROGENO
METEO

40 - Haartypen

```
I O W X M B U G C N E R O A
T N B X R Y S C O O R I Q R
J E T G B I A I L N O C O G
T M A R R O N E O D A C M E
N Y S I E W O D R U H I R N
H F C G V C A H A L I O B T
S M I I E L C B T A M L E O
P O U O W Q K I O T E U S A
E R T P P R W O A O M N G L
S B T T M O B N G T Q G U F
S I O K I J F D L R O O E S
O D X C A L V O B I A N C O
R O Z G T R E C C E P E I X
E I N R I C C I O L I D K N
```

BIONDO
MARRONE
SPESSORE
SOTTILE
COLORATO
INTRECCIATO
SANO
GRIGIO
CALVO
BREVE

LUNGO
RICCIOLI
RICCIO
NERO
ARGENTO
ASCIUTTO
MORBIDO
BIANCO
ONDULATO
TRECCE

41 - Essen #1

```
Z  M  I  N  E  S  T  R  A  C  D  P  Z  Y
L  P  M  X  Q  A  A  U  F  T  Z  R  U  Z
C  I  P  O  L  L  A  S  P  I  N  A  C  I
C  H  M  O  C  E  C  L  Y  K  B  P  C  H
A  D  P  O  R  F  R  A  G  O  L  A  H  W
N  B  E  Q  N  T  F  T  R  L  R  X  E  Q
N  T  R  O  X  E  M  T  O  O  M  A  R  C
E  O  A  G  L  I  O  E  R  X  T  R  O  A
L  N  I  N  S  A  L  A  T  A  P  A  D  R
L  N  D  B  A  S  I  L  I  C  O  C  W  N
A  O  R  X  X  U  M  T  Q  O  U  H  N  E
A  B  X  S  M  C  P  M  E  C  I  I  L  U
K  K  B  U  G  C  E  M  F  T  H  D  P  I
C  A  F  F  È  O  S  W  C  X  B  I  W  K
```

BASILICO	SUCCO
PERA	INSALATA
FRAGOLA	SALE
ARACHIDI	SPINACI
CARNE	MINESTRA
CAFFÈ	TONNO
CAROTA	CANNELLA
AGLIO	LIMONE
LATTE	ZUCCHERO
RAPA	CIPOLLA

42 - Gebäude

```
S N T Q O O S T E L L O S T
B C O Q Z S Q N C K B K U E
U M U S E O P C W I I U P N
E A F O T L S E P A N I E D
W A Y E L L U U D Q L E R A
K M K S T A D I O A G X M F
Y B N S O B A H C I L X E A
L A B O R A T O R I O E R T
O S S E R V A T O R I O C T
B C E G E B T E A T R O A O
F I E N I L E L N T W D T R
G A R A G E C A B I N A O I
C T F A B B R I C A W L J A
B A U N I V E R S I T À E Q
```

FATTORIA
AMBASCIATA
FABBRICA
GARAGE
OSTELLO
HOTEL
CABINA
CINEMA
OSPEDALE
LABORATORIO

MUSEO
OSSERVATORIO
FIENILE
SCUOLA
STADIO
SUPERMERCATO
TEATRO
TORRE
UNIVERSITÀ
TENDA

43 - Angeln

```
I  H  N  I  L  T  A  C  K  T  S  O  E  S
M  E  S  C  A  P  B  E  T  R  U  S  P  T
J  R  Q  B  G  M  A  S  C  E  L  L  A  A
C  T  T  N  O  P  R  T  S  F  H  H  Z  G
E  U  P  D  O  E  C  O  P  H  R  K  I  I
B  T  C  I  I  S  A  C  I  I  M  I  E  O
R  A  N  I  N  O  D  E  A  C  B  P  N  N
A  C  P  F  N  N  U  A  G  R  S  Q  Z  E
N  Q  J  I  I  A  E  N  G  C  Q  U  A  Z
C  U  D  U  R  L  R  O  I  T  D  W  G  L
H  A  N  M  S  D  O  E  A  E  B  Y  R  M
I  Q  G  E  G  A  N  C  I  O  Z  Z  G  K
E  S  A  G  E  R  A  Z  I  O  N  E  F  W
A  T  T  R  E  Z  Z  A  T  U  R  A  K  X
```

ATTREZZATURA	BRANCHIE
BARCA	CUCINARE
FILO	CESTO
PINNE	ESCA
FIUME	OCEANO
PAZIENZA	LAGO
PESO	SPIAGGIA
GANCIO	ESAGERAZIONE
STAGIONE	ACQUA
MASCELLA	

44 - Regenwald

```
C L I M A N F I B I R W Q N
C D I N D I G E N O I M Q U
O S M U S C H I O Y F A H V
M I J G X E N S K T U M D O
U N B I Q R T Z Y U G M I L
N A T U R A I T I X I I W E
I G O N C Y X S I T O F W E
T J E G H C Y R P Z W E T S
À R G L M B E H G E W R P P
K L E A W J Z L F X T I X E
B O T A N I C O L J W T G C
S J E U Y P R E Z I O S O I
S O P R A V V I V E N Z A E
D I V E R S I T À C X S N U
```

ANFIBI	NATURA
SPECIE	RISPETTO
BOTANICO	MAMMIFERI
GIUNGLA	SOPRAVVIVENZA
INDIGENO	DIVERSITÀ
COMUNITÀ	UCCELLI
INSETTI	PREZIOSO
CLIMA	NUVOLE
MUSCHIO	RIFUGIO

45 - Essen #2

```
F U N G O E G C R I S O P Q
M M F B Y C E I X O Q I O J
E A E D D Y N L W A E G M P
L N Z L C P I I C D O N O R
A D L P A N E E U F T T D C
N O M E R G S G B O G B O I
Z R A S C R E I A R V R R O
A L S C I A D A N M R O O C
N A P E O N A Y A A Q C P C
A C A J F O N O N G E C U O
C O R D O Q O G A G W O H L
Y R A H Z H A U N I A L F A
B U G S R K X R L O X O X T
P R O S C I U T T O A Z P O
```

MELA
CARCIOFO
MELANZANA
BANANA
BROCCOLO
PANE
UOVO
PESCE
YOGURT
FORMAGGIO

CILIEGIA
MANDORLA
FUNGO
RISO
PROSCIUTTO
CIOCCOLATO
SEDANO
ASPARAGO
POMODORO
GRANO

46 - Familie

```
N  S  J  U  M  D  J  F  B  M  S  T  Y  L
J  I  N  F  A  N  Z  I  A  A  O  Z  P  X
G  Q  P  P  R  I  I  G  M  T  R  I  F  B
X  Z  J  O  I  R  O  L  B  E  E  A  Q  W
C  L  C  U  T  M  K  I  I  R  L  H  P  N
W  K  U  R  O  E  U  A  N  N  L  M  O  X
M  O  G  L  I  E  Q  P  O  O  A  G  M  E
Z  J  I  N  P  F  R  A  T  E  L  L  O  L
A  A  N  P  O  A  B  D  E  G  U  S  F  C
H  B  O  Z  I  N  T  R  A  X  T  X  L  K
M  A  D  R  E  Y  N  E  L  D  S  Y  L  X
Y  M  Z  C  N  G  U  O  R  N  U  W  T  R
Q  F  N  O  N  N  A  R  T  N  E  T  L  K
A  N  T  E  N  A  T  O  F  Y  O  L  C  R
```

FRATELLO	MATERNO
MOGLIE	ZIO
MARITO	SORELLA
NIPOTE	ZIA
NONNA	FIGLIA
NONNO	PADRE
BAMBINO	PATERNO
INFANZIA	CUGINO
MADRE	ANTENATO

47 - Pflanzen

```
R  F  A  G  I  O  L  O  B  C  T  Z  Z  I
A  E  D  F  T  B  G  K  R  M  S  W  E  E
D  Z  C  P  Q  H  I  W  O  O  S  C  F  K
I  B  A  M  B  Ù  A  F  B  P  G  A  E  Z
C  Z  C  O  R  Z  R  L  P  U  G  R  T  E
E  G  T  G  O  D  D  A  B  U  G  B  F  M
E  M  U  S  C  H  I  O  P  E  T  A  L  O
D  R  S  C  M  B  N  C  Q  Q  R  Z  O  B
E  J  B  W  O  F  O  G  L  I  A  O  R  A
R  D  D  A  F  O  G  L  I  A  M  E  A  C
A  C  E  S  P  U  G  L  I  O  R  Y  T  C
V  E  G  E  T  A  Z  I  O  N  E  L  Y  A
Y  W  F  O  R  E  S  T  A  F  I  O  R  E
A  G  G  S  E  T  B  O  T  A  N  I  C  A
```

BAMBÙ	FLORA
ALBERO	GIARDINO
BACCA	ERBA
FOGLIA	CACTUS
FIORE	FOGLIAME
PETALO	MUSCHIO
FAGIOLO	VEGETAZIONE
BOTANICA	FORESTA
CESPUGLIO	RADICE
EDERA	

48 - Kunst

```
E S P R E S S I O N E O G E
W C E D I M Y B U E I R P S
T P Z M I F N U M F N I X U
S E M P L I C E O E M G G R
Q J B G L R I J R Z T I P R
W R K C C S I S E N G N O E
S I M B O L O T P P K A E A
C E R A M I C A R I Y L S L
U V M O P M C R E A R E I I
L I U N L T X Z I I R A A S
T S Q E E K D X I X I R T M
U I P S S D I P I N T I E O
R V M T S O G G E T T O L M
A O L O O P E R S O N A L E
```

ESPRESSIONE   PERSONALE
ONESTO   POESIA
SEMPLICE   RITRARRE
SOGGETTO   CREARE
DIPINTI   SCULTURA
ISPIRATO   UMORE
CERAMICA   SURREALISMO
COMPLESSO   SIMBOLO
ORIGINALE   VISIVO

49 - Gewürze

```
Y S D C W U H H N P C O Z F
D N A C U R H P O A A E E I
J O G P Y R Z R C P R Z N N
Z B L N U R R Q E R D A Z O
A N I C E I L Y M I A I E C
V S O F E D D F O K M W R C
B A A C I D O R S A O A O H
L L N G U S T O C I M M C I
B E G I P E P E A Y O A X O
C Z A D G F W B T F T R J H
M C I P O L L A A C Y O H B
S D L I Q U I R I Z I A Y G
O Z A F F E R A N O K I N G
C U M I N O C A N N E L L A
```

ANICE
AMARO
CURRY
FINOCCHIO
GUSTO
ZENZERO
CARDAMOMO
AGLIO
CUMINO
LIQUIRIZIA

NOCE MOSCATA
PAPRIKA
PEPE
ZAFFERANO
SALE
ACIDO
DOLCE
VANIGLIA
CANNELLA
CIPOLLA

50 - Gemüse

```
F  R  N  C  Q  O  K  B  C  C  B  B  P  Y
P  I  S  E  L  L  O  E  I  A  R  U  O  B
R  A  I  T  N  I  A  F  P  R  O  I  M  L
S  Y  B  R  C  V  N  U  O  C  C  N  O  M
E  K  I  I  P  A  B  N  L  I  C  S  D  E
Z  J  F  O  C  R  V  G  L  O  O  A  O  L
Y  U  J  L  C  N  E  O  A  F  L  L  R  A
W  A  C  O  I  Q  D  Z  L  O  O  A  O  N
W  C  R  C  B  Y  G  E  Z  F  L  T  R  Z
R  A  P  A  A  H  Y  N  N  E  I  A  U  A
S  E  D  A  N  O  Z  Z  E  S  M  O  J  N
C  A  R  O  T  A  N  E  Q  Z  S  O  R  A
S  P  I  N  A  C  I  R  O  P  C  W  L  E
P  A  T  A  T  A  H  O  A  G  L  I  O  O
```

CARCIOFO	ZUCCA
MELANZANA	OLIVA
CAVOLFIORE	PREZZEMOLO
BROCCOLO	FUNGO
PISELLO	RAPA
CETRIOLO	INSALATA
ZENZERO	SEDANO
CAROTA	SPINACI
PATATA	POMODORO
AGLIO	CIPOLLA

51 - Katzen

```
P E R S O N A L I T À G G U
S E L V A G G I O U I D I P
G K P P R C U R I O S O O A
A F F E T T U O S O X R C Z
C J O D L B O U G O Q M O Z
A R T I G L I O V Y Y I S O
C S R V P I I I T E Q R O A
C T L E J J K C O O L E I F
I I Y R G Y P O C O P O U A
A K Z T O U W D F I L O C H
T R A E W T C A P T A N C E
O T I N D I P E N D E N T E
R D S T Z A M P A M E B B U
E M Y E T I M I D O A H D S
```

PELLICCIA   DORMIRE
FILO   VELOCE
CACCIATORE   TIMIDO
DIVERTENTE   CODA
ARTIGLIO   INDIPENDENTE
AFFETTUOSO   PAZZO
TOPO   GIOCOSO
CURIOSO   POCO
PERSONALITÀ   SELVAGGIO
ZAMPA

52 - Tanzen

```
A P O S T U R A N C O R P O
C C L A S S I C O O A R U D
C E A H Y A K P S R G R T O
A S M E J J L R A E I Z T U
D P K O P Q F O L O O R M E
E R G H Z I T V T G I I O V
M E W U M I M A O R O T V I
I S O U C Y O U R A S M I S
A S G E H R G N S F O O M I
L I G R A Z I A E I C X E V
C V C C U L T U R A C B N O
C O M P A G N O A T D A T C
T R A D I Z I O N A L E O B
C U L T U R A L E E Y A E I
```

ACCADEMIA
GRAZIA
ESPRESSIVO
MOVIMENTO
COREOGRAFIA
EMOZIONE
GIOIOSO
POSTURA
CLASSICO
CORPO

CULTURA
CULTURALE
ARTE
MUSICA
COMPAGNO
PROVA
RITMO
SALTO
TRADIZIONALE
VISIVO

53 - Ernährung

```
P C A P P E T I T O C U X F
E O B M D I G E S T I O N E
S M I C A N W O A Q C D R R
O M L A T R N S L R N I D M
O E A R Q O O S S G L E C E
C S N B U N S S A L U T E N
A T C O A U N S S R E A R T
L I I I L T S Y I A H L E A
O B A D I R H N X N N T A Z
R I T R T I W A Y N A O L I
I L O A À E J G U S T O I O
E E L T E N Q Z M Q Q E Q N
Q O O I J T C L O S A S E E
P D B E W E P R O T E I N E
```

APPETITO
BILANCIATO
AMARO
DIETA
COMMESTIBILE
FERMENTAZIONE
GUSTO
SANO
SALUTE
CEREALI

PESO
CALORIE
CARBOIDRATI
NUTRIENTE
PROTEINE
QUALITÀ
SALSA
TOSSINA
DIGESTIONE

54 - Technologie

```
B D I G I T A L E D T S K C
K Y N Q W W P P S A E T Q U
S K T B L O G E G T L A Z R
A I E E E F X O P I E T S S
D W R S C H E R M O C I I O
M T N B R O W S E R A S C R
M D E T F S M N P F M T U E
H S T H I X O P D O E I R D
Y Y A F L I B F U N R C E H
R R I C E R C A T T A H Z A
V I R T U A L E Z W E E Z S
M E S S A G G I O A A R A W
Q Y R H K L G X B V I R U S
Q K J C C B W P H L W Z E M
```

SCHERMO   INTERNET
BLOG   TELECAMERA
BROWSER   MESSAGGIO
BYTE   FONT
COMPUTER   SICUREZZA
CURSORE   SOFTWARE
FILE   STATISTICHE
DATI   VIRTUALE
DIGITALE   VIRUS
RICERCA

55 - Wasser

```
G H I A C C I O P M F Y H U
E J G O Y L O P O T J O J M
R F I U M I D O T V S J R I
E U X R C B A O A A R F D D
H J Z A R Q W X B P E I O I
B G G G N I C Z I O L U C T
P P I A E J G C L R L M C À
C I W N E V E A E E A E I M
R Y O O D J Y N Z L G Y A O
Q I A G L D S A O I O J Q N
G E L O G Q E L N E O B K S
G I K T Q I R E D T L N C O
O C E A N O A D E Y K N E N
B A L L U V I O N E Y A Y E
```

IRRIGAZIONE	URAGANO
VAPORE	CANALE
DOCCIA	MONSONE
GHIACCIO	OCEANO
UMIDO	PIOGGIA
UMIDITÀ	NEVE
FIUME	LAGO
ALLUVIONE	POTABILE
GELO	ONDE
GEYSER	

56 - Science Fiction

```
F  B  A  L  I  B  R  I  I  D  O  K  P  M
U  T  O  P  I  A  O  T  R  I  F  L  I  O
T  Q  M  F  W  F  B  I  E  S  S  B  A  N
U  I  P  I  F  A  O  Z  A  T  C  G  N  D
R  M  E  L  S  N  T  Z  L  O  E  A  E  O
I  M  S  L  R  T  G  A  I  P  N  L  T  F
S  A  P  U  J  A  E  H  S  I  A  A  A  U
T  G  L  S  Q  S  S  R  T  A  R  S  B  O
I  I  O  I  F  T  T  L  I  K  I  S  D  C
C  N  S  O  Y  I  R  T  C  O  O  I  W  O
O  A  I  N  R  C  E  F  O  E  S  A  N  L
X  R  O  E  M  O  M  D  A  B  M  O  I  F
C  I  N  E  M  A  O  O  R  A  C  O  L  O
R  O  E  Y  T  E  C  N  O  L  O  G  I  A
```

LIBRI	IMMAGINARIO
DISTOPIA	CINEMA
ESPLOSIONE	ORACOLO
ESTREMO	PIANETA
FANTASTICO	REALISTICO
FUOCO	ROBOT
FUTURISTICO	SCENARIO
GALASSIA	TECNOLOGIA
MISTERIOSO	UTOPIA
ILLUSIONE	MONDO

57 - Haustiere

```
C P A P P A G A L L O L G L
F O C U C C I O L O P E U L
A L N Q B Q G K H C I C I W
M L U I W U A T V G P Z N U
Y U M I G A T G E A A T Z F
S C C L Y L T Z T T N A A O
O E C C C R I C E T O R G T
F R I B A A N O R O F T L A
X T B X R A O D I D D A I L
H O O B T G C A N E J R O P
L L M R I O A K A K D U S E
I A Q L G P P Y R Z K G G S
M K B T L P R O I Q Q A G C
P H K Y I U A C O L L A R E
```

LUCERTOLA
CIBO
PESCE
CRICETO
CONIGLIO
CANE
GATTO
GATTINO
COLLARE
ARTIGLI

MUCCA
GUINZAGLIO
TOPO
PAPPAGALLO
TARTARUGA
CODA
VETERINARIO
ACQUA
CUCCIOLO
CAPRA

58 - Geburtstag

```
D  D  S  A  G  G  E  Z  Z  A  N  N  O  I
E  A  U  P  E  N  N  D  J  J  C  P  E  N
H  N  P  E  R  I  M  P  A  R  A  R  E  V
C  A  L  E  N  D  A  R  I  O  R  M  Z  I
A  T  T  O  R  T  A  E  U  B  T  J  F  T
N  O  A  G  O  P  O  G  Q  J  E  X  W  I
Z  K  M  G  I  O  V  A  N  E  G  C  A  Z
O  D  I  Q  Z  O  N  L  G  I  O  R  N  O
N  U  C  R  X  L  I  O  T  E  M  P  O  F
E  W  I  O  E  E  K  O  W  A  H  M  J  E
S  P  E  C  I  A  L  E  S  R  A  H  H  L
P  A  R  T  I  T  O  M  G  O  Y  T  W  I
C  E  L  E  B  R  A  Z  I  O  N  E  R  C
D  I  V  E  R  T  I  M  E  N  T  O  G  E
```

INVITI	CARTE
CELEBRAZIONE	TORTA
GIOIOSO	PER IMPARARE
AMICI	CANZONE
NATO	PARTITO
REGALO	DIVERTIMENTO
FELICE	SPECIALE
ANNO	GIORNO
GIOVANE	SAGGEZZA
CALENDARIO	TEMPO

59 - Literatur

```
Y D E S C R I Z I O N E Z L
L X B H L U L E R I M A U J
F I N Z I O N E L I H G A W
A B M E T A F O R A T K E W
U N A R R A T O R E M M N L
T P A J A N E D D O T O O R
O O U L B L S U G L D E W T
R E L B I O G R A F I A M R
E T E B E S P O E S I A N A
O I Q Q P P I M A R U I Z G
L C E G N A N A L O G I A E
Q O O A W M R N Q J M X S D
O P S T I L E Z Q H K B P I
L N Y D I A L O G O A P P A
```

ANALOGIA	POESIA
ANALISI	METAFORA
ANEDDOTO	POETICO
AUTORE	RIMA
DESCRIZIONE	RITMO
BIOGRAFIA	ROMANZO
DIALOGO	STILE
NARRATORE	TEMA
FINZIONE	TRAGEDIA

60 - Wandern

```
S  J  F  T  D  C  A  A  M  L  W  J  F  T
C  S  O  L  E  A  N  C  O  E  S  X  E  J
O  T  R  C  P  M  I  Q  N  A  T  U  R  A
G  A  I  L  R  P  M  U  T  I  T  I  E  J  F
L  N  E  I  E  E  A  A  A  M  V  C  O  P
I  C  N  M  P  G  L  E  G  Z  A  X  O  E
E  O  T  A  A  G  I  Z  N  U  L  W  Q  R
R  U  A  B  R  I  D  Y  A  Q  I  Y  G  I
A  C  M  P  A  O  M  A  P  P  A  D  G  C
C  K  E  Z  Z  A  V  E  R  T  I  C  E  O
E  G  N  P  I  E  T  R  E  B  T  P  K  L
T  J  T  L  O  K  D  C  Q  C  H  Y  Y  I
P  K  O  I  N  S  E  L  V  A  G  G  I  O
X  B  L  P  E  S  A  N  T  E  F  X  C  S
```

MONTAGNA	ORIENTAMENTO
CAMPEGGIO	PESANTE
GUIDE	SOLE
PERICOLI	PIETRE
VERTICE	STIVALI
MAPPA	ANIMALI
CLIMA	PREPARAZIONE
SCOGLIERA	ACQUA
STANCO	METEO
NATURA	SELVAGGIO

61 - Länder #2

```
H C P N S G X F H J F B B S
E I K I E I K R A Q W C F I
D Y P G T A M A I Q E Z S R
A N S E I M E N T Y O K L I
L W Y R O A S C I J H E J A
O I K I P I S I R L A N D A
U U B A I C I A U D L Y Y G
C G H E A A C G S G B A Z I
R R A O R L O S S W A J E A
A E I N N I A U I B N J N P
I C C O D H A O A U I D E P
N I L C P A K I S T A N P O
A A S U D A N Y N E G M A N
I M P H G C A A H U Q A L E
```

ALBANIA	LIBERIA
ETIOPIA	MESSICO
FRANCIA	NEPAL
GRECIA	NIGERIA
HAITI	PAKISTAN
IRLANDA	RUSSIA
GIAMAICA	SUDAN
GIAPPONE	SIRIA
KENYA	UGANDA
LAOS	UCRAINA

62 - Fahrzeuge

```
B  X  P  O  N  X  A  A  E  L  U  T  T  C
E  M  Z  P  I  X  B  E  U  P  S  A  R  A
B  N  A  S  H  O  W  U  R  T  R  X  E  M
A  M  B  U  L  A  N  Z  A  E  O  I  N  I
R  X  L  J  Z  W  T  A  Z  L  O  B  O  O
C  U  D  O  A  J  R  U  Z  H  S  M  U  N
A  J  K  A  T  M  O  T  O  R  E  S  M  S
S  C  O  O  T  E  R  O  C  J  F  Y  J  F
Y  X  A  R  E  L  I  C  O  T  T  E  R  O
U  C  Z  R  R  T  R  A  T  T  O  R  E  E
U  A  T  R  A  G  H  E  T  T  O  A  K  B
J  P  B  K  J  V  F  M  O  H  W  P  O  F
S  P  N  E  U  M  A  T  I  C  I  B  F  D
J  T  D  A  M  M  H  N  G  X  P  M  C  Q
```

AUTO	MOTORE
BARCA	RAZZO
AUTOBUS	PNEUMATICI
TRAGHETTO	SCOOTER
ZATTERA	TAXI
AEREO	TRATTORE
ELICOTTERO	CARAVAN
AMBULANZA	TRENO
CAMION	

63 - Musikinstrumente

```
T A S A S S O F O N O T C W
A R P A C I C T A M B U R O
M M F X D Q F A G O T T O B
B O T R O M B A R T J T Z O
U N P E R C U S S I O N E E
R I M A X B G V I O L I N O
E C V I O L O N C E L L O U
L A T Y M A N D O L I N O C
L Y Z X H P G X F Q C Q M N
O C H I T A R R A L B X S B
P I A N O F O R T E A U W S
C L A R I N E T T O N U Q D
T R O M B O N E R E J Z T Q
K E M B A C M D J U O M Y O
```

BANJO	PIANOFORTE
VIOLONCELLO	MANDOLINO
FAGOTTO	ARMONICA
FLAUTO	OBOE
VIOLINO	TROMBONE
CHITARRA	SASSOFONO
CARILLON	PERCUSSIONE
GONG	TAMBURELLO
ARPA	TAMBURO
CLARINETTO	TROMBA

64 - Blumen

```
K P T M A Z Z O D Y R L B T
F E Q A D U R H P M P R S R
E O I G I G L I O J A H S I
E N S N Y B B X Z Z S Z O F
P I P O T P I N P T S X G O
L A A L G E L S O M I N O G
U T P I I T I F C M F L A L
M U A A R A L I Q O L S L I
E L V H A L L K F D O H K O
R I E E S O A Y H L R P F W
I P R W O R O S A H A H E G
A A O L L G A R D E N I A M
S N Q N E L A V A N D A C O
I O K T O R C H I D E A H U
```

PETALO　　　　　　　PAPAVERO
GARDENIA　　　　　　ORCHIDEA
IBISCO　　　　　　　PASSIFLORA
GELSOMINO　　　　　PEONIA
TRIFOGLIO　　　　　PLUMERIA
LAVANDA　　　　　　ROSA
LILLA　　　　　　　GIRASOLE
GIGLIO　　　　　　　MAZZO
MAGNOLIA　　　　　　TULIPANO

65 - Natur

```
G X U W H F N F P F N R Y N
H M N U V O L E V I T A L E
I J W X G G Z W H U W H G B
A B A T I L O X M M T G T B
C E R O S I O N E E Q M R I
C L Z K P A S M M M A K O A
I L K I R M N B W O D P P R
A E F O R E S T A N E B I T
I Z R R Q K Q L U T S F C I
O Z R I F U G I O A E S A C
U A N I M A L I I G R N L O
S E L V A G G I O N T I E K
H Y S E R E N O G E O S O S
M I N B U D I N A M I C O X
```

ARTICO	VITALE
MONTAGNE	NEBBIA
API	BELLEZZA
DINAMICO	RIFUGIO
EROSIONE	ANIMALI
FIUME	TROPICALE
GHIACCIAIO	FORESTA
SANTUARIO	SELVAGGIO
SERENO	NUVOLE
FOGLIAME	DESERTO

66 - Urlaub #2

```
P  X  C  H  V  K  P  R  T  T  A  M  C  A
N  M  A  R  E  I  A  I  E  A  Y  O  T  E
D  T  M  H  V  S  S  S  M  X  W  N  R  R
M  A  P  P  A  P  S  T  P  I  S  T  A  O
P  T  E  F  C  I  A  O  O  Z  T  A  S  P
Y  R  G  P  A  A  P  R  L  H  R  G  P  O
F  E  G  J  N  G  O  A  I  Q  A  N  O  R
V  N  I  O  Z  G  R  N  B  S  N  E  R  T
I  O  O  T  A  I  T  T  E  I  I  H  T  O
A  I  S  O  L  A  O  E  R  S  E  B  O  U
G  T  E  N  D  A  R  W  O  Y  R  X  J  T
G  B  H  F  E  W  O  P  E  H  O  T  E  L
I  G  J  A  H  K  N  F  D  H  Q  W  T  Y
O  E  D  E  S  T  I  N  A  Z  I  O  N  E
```

STRANIERO
MONTAGNE
CAMPEGGIO
AEROPORTO
TEMPO LIBERO
HOTEL
ISOLA
MAPPA
MARE
PASSAPORTO

VIAGGIO
RISTORANTE
SPIAGGIA
TAXI
TRASPORTO
VACANZA
VISTO
TENDA
DESTINAZIONE
TRENO

67 - Zirkus

```
F  C  O  S  T  U  M  E  L  X  R  E  R  G
T  R  U  C  C  O  B  P  A  L  U  L  C  I
H  G  D  I  Y  C  M  A  G  I  A  E  I  O
D  K  K  M  O  S  T  R  A  R  E  F  N  C
T  F  L  M  A  G  O  A  K  N  R  A  T  O
G  E  U  I  M  S  E  T  G  A  H  N  R  L
N  Q  N  A  N  I  M  A  L  I  K  T  A  I
H  X  K  D  T  I  G  R  E  Y  P  E  T  E
R  B  R  D  A  C  R  O  B  A  T  A  T  R
S  P  E  T  T  A  C  O  L  A  R  E  E  E
A  G  G  U  H  A  W  L  E  Y  Q  F  N  H
M  U  S  I  C  A  K  O  O  I  D  J  E  M
C  B  C  H  D  P  R  J  N  W  G  E  R  J
Q  H  N  B  L  Y  O  W  E  R  N  Z  E  W
```

SCIMMIA
ACROBATA
CLOWN
ELEFANTE
GIOCOLIERE
COSTUME
LEONE
MAGIA
MUSICA

PARATA
SPETTACOLARE
ANIMALI
TIGRE
TRUCCO
INTRATTENERE
MAGO
MOSTRARE
TENDA

68 - Barbecues

```
U H F A M I G L I A C F L O
P I P R A N Z O G L O O W C
E Z F H U C A L D O L R Y U
H S F U B T A Y A I T C C C
S B T I U R T S X D E H G I
E A G A O K L A O W L E R N
A M L W T P O L L O L T I A
H B G S N E J E C P I T G V
T I N S A L A T E E M E L E
J N E R C F B H N P U Y I R
G I O C H I P N A E S C A D
D T F Z D K W R S A I C H U
U O G Y H F T N H P C Q N R
Y J D S C Q R I Q F A M E E
```

CENA   CUCINA
FAMIGLIA   COLTELLI
FRUTTA   PRANZO
FORCHETTE   MUSICA
VERDURE   PEPE
GRIGLIA   INSALATE
CALDO   SALE
POLLO   ESTATE
FAME   SALSA
BAMBINI   GIOCHI

69 - Küche

```
C Q L Y R G D H G D A F C O
F I N S L R Q Q R R R B O T
Q J B F F E B C I F O R N O
K G M O W M W G G R Z O G V
G X W R P B X R L I E C E A
C U C C H I A I I G C C L G
C H O H M U T C A O O A A L
S I Z E E L A E S R L O T I
P M O T S E Z T P I T T O O
U W R T T L Z T E F E C R L
G I K E O A E A Z E L F E O
N A M J L L Y O I R L P O I
A I R U O D A B E O I E A Q
B A C C H E T T E L O S U O
```

CIBO
BACCHETTE
FORCHETTE
CONGELATORE
SPEZIE
GRIGLIA
MESTOLO
BROCCA
FRIGORIFERO

CUCCHIAI
COLTELLI
FORNO
RICETTA
GREMBIULE
CIOTOLA
SPUGNA
TOVAGLIOLO
TAZZE

70 - Schach

```
D  I  A  G  O  N  A  L  E  S  T  Z  R  E
G  P  A  S  S  I  V  O  M  T  O  W  P  T
I  U  J  K  W  X  T  A  G  R  R  A  E  E
O  N  E  I  I  T  O  T  C  A  N  V  R  M
C  T  T  J  C  I  Q  G  A  T  E  V  I  P
A  I  O  E  U  O  D  R  M  E  O  E  M  O
T  C  G  N  L  C  N  U  P  G  S  R  P  G
O  P  H  R  B  L  W  C  I  I  Y  S  A  I
R  I  I  E  B  E  I  L  O  A  G  A  R  O
E  D  T  G  I  B  O  G  N  R  J  R  A  C
N  I  W  I  A  L  Q  T  E  I  S  I  R  O
N  E  E  N  N  Z  E  K  H  N  H  O  E  D
D  D  R  A  C  J  R  L  I  H  T  R  C  C
E  Q  L  O  O  R  E  G  O  L  E  E  U  U
```

CAMPIONE	REGOLE
DIAGONALE	NERO
AVVERSARIO	GIOCO
INTELLIGENTE	GIOCATORE
RE	STRATEGIA
REGINA	TORNEO
PER IMPARARE	BIANCO
PASSIVO	CONCORSO
PUNTI	TEMPO

71 - Erhaltung

```
H A B I T A T U I E S J I C
V V L O R G A N I C O Z N L
A O E M G Q C K C O S Z Q I
N C L R U C I E D S T J U M
A Y Q O D H C Y P I E R I A
T N J U N E L N O S N I N P
U R J Q A T O H S T I C A E
R T X K U Z A X K E B I M S
A P S J S G Z R E M I C E T
L E A Z M R O T I A L L N I
E I L B X W Y L H O E A T C
E D U C A Z I O N E W R O I
U R T I R I D U R R E E F D
P J E A M B I E N T A L E A
```

EDUCAZIONE
VOLONTARIO
SALUTE
VERDE
CLIMA
HABITAT
SOSTENIBILE
NATURALE
ORGANICO

ECOSISTEMA
PESTICIDA
RICICLARE
RIDURRE
AMBIENTALE
INQUINAMENTO
ACQUA
CICLO

72 - Geographie

```
R N E A L T I T U D I N E T
A E Q S P L Y L M A P P A E
L Y G M O N T A G N A M J R
P D C I T T À T G M S E D R
O A M G O F M I C P G R F I
K S E F G N M T S B H I K T
E P X S Q E E U O O D S O
Z L E I E M X D V C L I X R
F I U M E I T I E E Z A N I
M O N D O S U N S A R N O O
A U W D T F H E T N Q O R E
R T J M F E H U S O G C D I
E B T Q B R A T L A N T E H
W H K O C O N T I N E N T E
```

ATLANTE   PAESE
MONTAGNA   MARE
LATITUDINE   MERIDIANO
FIUME   NORD
TERRITORIO   OCEANO
EMISFERO   REGIONE
ALTITUDINE   CITTÀ
ISOLA   MONDO
MAPPA   OVEST
CONTINENTE

73 - Zahlen

```
Q U A T T O R D I C I B I S
X B B I W M S U J S F F P S
D D C S B Q U I N D I C I K
D I S E I N U D Z J Z P F G
E C C D I C I A S S E T T E
C I I I Z X U L T S R X Z P
I A N C O R X O T T O Q Q W
M N Q I T T Q Z I P R T R E
A N U S R W T N Q G H O C X
L O E E E Z X O O D I E C I
E V P T D U E Q M V E N T I
P E H T I Y H Q L H E C D C
T K I E C D O D I C I S R O
H M B X I Q N G B G Z U R W
```

OTTO	SEI
DICIOTTO	SEDICI
DECIMALE	SETTE
TRE	DICIASSETTE
TREDICI	QUATTRO
CINQUE	QUATTORDICI
QUINDICI	DIECI
NOVE	VENTI
DICIANNOVE	DUE
ZERO	DODICI

74 - Urlaub #1

```
B  I  M  T  L  B  Z  N  O  Q  G  I  A  V
I  X  I  P  U  T  M  U  S  E  O  T  E  A
G  H  G  F  N  R  R  R  H  J  M  I  R  L
L  A  G  O  Z  A  I  N  O  Q  B  N  E  I
I  V  N  P  B  M  L  S  A  S  R  E  O  G
E  A  U  A  K  D  A  P  M  N  E  R  B  I
T  L  O  R  A  L  S  E  C  O  L  A  W  A
T  U  T  T  I  K  S  D  Z  R  L  R  G  R
O  T  A  E  O  L  A  I  O  G  O  I  A  D
J  A  R  N  Q  X  M  Z  O  G  Q  O  U  W
S  L  E  Z  M  P  E  I  L  S  A  O  T  C
T  H  H  A  P  T  N  O  J  G  L  N  O  C
X  W  N  I  Q  Z  T  N  A  A  M  N  A  N
A  I  J  Z  S  L  O  E  M  S  E  Q  Z  D
```

PARTENZA	ITINERARIO
AUTO	ZAINO
RILASSAMENTO	NUOTARE
SPEDIZIONE	LAGO
BIGLIETTO	TRAM
AEREO	TURISMO
VALIGIA	VALUTA
MUSEO	DOGANA
OMBRELLO	

75 - Kunst Liefert

```
M C C H Y I T C O L O R I C
C A R T A X G A S B C K Q A
H I T X P Z O V V I T E S R
A N A I C S M A O O E G P B
C C C P T S M L C L L M A O
R H Q W O E A L R I E O Z N
I I U N N D B E E O C N Z E
L O A J B I A T A M A U O Q
I S K L L A R T T A M Q L S
C T F G T L G O I D E E E U
O R C C P H I H V N R Q L J
W O Y Q H S L J I N A K G L
I B W Y R A L U T P P W S A
C O L L A M A J À O M E P I
```

ACRILICO
MATITE
SPAZZOLE
COLORI
CARBONE
IDEE
TELECAMERA
CREATIVITÀ
COLLA

OLIO
CARTA
GOMMA
CAVALLETTO
SEDIA
TAVOLO
INCHIOSTRO
ARGILLA
ACQUA

76 - Tage und Monate

```
A S E T T I M A N A U M M F
G C A L E N D A R I O E A Q
O L M C T G R D O S U R R D
S U Y M E S E A A Q L C T B
T N D O M E N I C A U O E X
O E O T F Q F H G Z G L D A
O D L V E N E R D Ì L E Ì W
A Ì J C E Q M C U X I D T G
N D I C E M B R E J O Ì G I
N Q H I Q P B G E N N A I O
O T F F E B B R A I O I U V
S A B A T O T H E B H B G E
O T T O B R E I Z Q J W N D
S E T T E M B R E G Y H O Ì
```

AGOSTO	CALENDARIO
DICEMBRE	MERCOLEDÌ
MARTEDÌ	MESE
GIOVEDÌ	LUNEDÌ
FEBBRAIO	NOVEMBRE
VENERDÌ	OTTOBRE
ANNO	SABATO
GENNAIO	SETTEMBRE
LUGLIO	DOMENICA
GIUGNO	SETTIMANA

77 - Piraten

```
A L S C A P I T A N O F P E
V E H I K B M C N Y U N E Q
V G T C Y I U Y U Q M M R U
E G G A X S B S P A D A I I
N E G T D O B A S E T P C P
T N P R D L W T N O S P O A
U D Z I G A Z H S D L A L G
R A N C O R A C A G I A O G
A Q E E H C D A M H A E G I
O D O W E M S T B P Q D R O
D G B R E M I T E S O R O A
R X R R Q N O I Y O A Y T U
U B B O I P J V U P W F T R
M O N E T E Q O R O D E A J
```

AVVENTURA	MAPPA
ANCORA	BUSSOLA
EQUIPAGGIO	LEGGENDA
BANDIERA	MONETE
PERICOLO	CICATRICE
ORO	RUM
GROTTA	TESORO
ISOLA	CATTIVO
CAPITANO	SPADA

78 - Emotionen

```
R  J  B  S  R  G  R  Q  W  R  J  F  P  S
N  O  H  C  I  R  A  U  G  I  O  I  A  I
N  H  N  S  L  A  B  Q  W  L  C  G  U  M
M  U  N  K  I  T  B  Y  U  A  O  T  R  P
A  M  O  R  E  O  I  P  D  S  N  E  A  A
C  X  I  Y  V  O  A  P  O  S  T  N  S  T
Z  I  A  G  O  J  O  H  P  A  E  E  O  I
T  R  I  S  T  E  Z  Z  A  T  N  R  R  A
C  A  L  M  A  P  A  C  E  O  U  E  P  H
P  E  S  M  F  Y  U  Y  B  D  T  Z  R  B
M  E  U  E  C  C  I  T  A  T  O  Z  E  J
I  M  B  A  R  A  Z  Z  A  T  O  A  S  X
T  R  A  N  Q  U  I  L  L  I  T  À  A  X
G  E  N  T  I  L  E  Z  Z  A  Y  J  N  D
```

PAURA	AMORE
ECCITATO	RILIEVO
IMBARAZZATO	TRANQUILLITÀ
GRATO	CALMA
RILASSATO	SIMPATIA
GIOIA	TRISTEZZA
GENTILEZZA	SORPRESA
PACE	RABBIA
CONTENUTO	TENEREZZA
NOIA	

79 - Zu Füllen

```
U P T M N M B M T Z S J V B
L E E E N C U R K A E C A H
P O J F V A S C A L C A L P
S F P W S R T U B O C S I A
B D F K W T A Z J E H S G C
B A R I L E W N G B I A I C
C O C Y K L I N B G O Q A H
A C T I N L F G O I F E E E
S E J T N A V E R G D E B T
S S X N I O W T S Q C Q H T
E T V E B G S V A S S O I O
T O A C R R L S C A T O L A
T B S X O Z S I R C U O N U
O L O F Z S G C A R T O N E
```

BACINO   PACCHETTO
SCATOLA   TUBO
SECCHIO   NAVE
BARILE   CASSETTO
BOTTIGLIA   VASSOIO
CARTONE   BORSA
CASSA   BUSTA
VALIGIA   VASO
CESTO   VASCA
CARTELLA

80 - Surfen

```
M O N D A S T I L E E U D V
E S U H H P P J I W F J S E
T C Y H D R U N G G F H C L
E H U P C A M P I O N E O O
O I T G D Y L F P Z D S G C
G U P S P I A G G I A T L I
G M O D B T F K E Q Y O I T
Y A P A G A I A B F W M E À
N U O T A R E F N Q Z A R H
Z J L R T O A T O H L C A Z
R T A M L L Z H N L L O N R
Y L R Y E H T R Y B L Y N I
X H E S T R E M O C E A N O
Q C J F A M W F O R Z A G L
```

ATLETA	SCOGLIERA
POPOLARE	SCHIUMA
CAMPIONE	NUOTARE
ESTREMO	SPRAY
VELOCITÀ	FORZA
STOMACO	STILE
FOLLA	SPIAGGIA
OCEANO	ONDA
PAGAIA	METEO

81 - Möbel

```
T A P P E T O J D J M Q Y E
L I B R E R I A F U T O N F
W Y Y Y B P S P E C C H I O
P Y X I L A M P A D A O M D
A L A X X N L E T T O J A I
S R D G N C U S C I N O T V
C A M A C A U S E G E G E A
R H F O I W G C W D O O R N
I S I S I Z H A H O I D A O
V S H A R R K F G Q Q A S U
A K T E N D E F K M X Z S P
N W D J G C K A B Q Y Z O F
I F O L O P O L T R O N A P
A T P F X T E I Y Z G X C G
```

PANCA
LETTO
LIBRERIA
DIVANO
FUTON
AMACA
CUSCINO
LAMPADA
MATERASSO

SCAFFALI
ARMOIRE
SCRIVANIA
POLTRONA
SPECCHIO
SEDIA
TAPPETO
TENDE

82 - Kräuterkunde

```
L F T B O M U D T X O R B A
M A G U S T O R F I O R E R
P T V E R D E A S N M R N O
R L E A U L Y G T N A O E M
E D U A N E T O T G G S F A
Z B F B Q D M N Y I G M I T
Z A G L I O A C Y A I A C I
E S F B F A X E X R O R O C
M I B F Y P T L X D R I B O
O L L Z E Q M L G I A N S E
L I R C S R J O S N N O E G
O C U L I N A R I O A S C A
Q O S P Z F I N O C C H I O
Q Q U A L I T À O L U R A B
```

AROMATICO   CULINARIO
BASILICO   LAVANDA
FIORE   MAGGIORANA
ANETO   PREZZEMOLO
DRAGONCELLO   QUALITÀ
FINOCCHIO   ROSMARINO
GIARDINO   ZAFFERANO
GUSTO   TIMO
VERDE   BENEFICO
AGLIO

83 - Tugenden #1

```
A R T I S T I C O Z I A L M
M S I P R A T I C O N P C S
I T N K P U G S F B D P U E
M N Z P M T I G T U I A R F
M H T G J I F O I F P S I F
M B L E I L N Q B O E S O I
H O U S L E X H U C N I S C
U B D P U L I T O P D O O I
M T T E S R I E N D E N B E
X L Z A S N O G O K N A Y N
Z F F F O T Q B E K T T H T
M I H H S A O L O N E O N E
D I V E R T E N T E T A S P
C N G E N E R O S O T E E A
```

MODESTO
EFFICIENTE
GENEROSO
BUONO
UTILE
INTELLIGENTE
DIVERTENTE

ARTISTICO
APPASSIONATO
CURIOSO
PRATICO
PULITO
INDIPENDENTE
SAGGIO

84 - Aktivitäten und Freizeit

```
H  Z  B  B  V  I  A  G  G  I  O  U  C  B
P  O  L  C  A  M  P  E  G  G  I  O  A  O
N  E  B  O  Y  M  S  D  Q  O  L  R  L  X
U  L  S  B  T  E  N  N  I  S  L  P  C  E
O  G  T  C  Y  R  B  W  T  H  E  F  I  C
T  S  N  J  A  S  A  Q  O  O  A  C  O  E
O  I  B  S  P  I  S  M  Q  P  X  D  F  X
S  U  R  F  I  O  K  L  H  P  J  L  D  K
A  R  T  E  T  N  E  G  W  I  O  Q  L  P
U  M  L  T  T  E  T  Q  Y  N  T  A  K  G
N  M  H  Z  U  F  O  E  L  G  S  J  Z  P
Z  N  D  U  R  I  L  A  S  S  A  N  T  E
T  H  N  B  A  S  E  B  A  L  L  W  W  T
G  I  A  R  D  I  N  A  G  G  I  O  J  A
```

PESCA	PITTURA
BASEBALL	GOLF
BASKET	HOBBY
BOXE	ARTE
CAMPEGGIO	VIAGGIO
SHOPPING	NUOTO
RILASSANTE	SURF
CALCIO	IMMERSIONE
GIARDINAGGIO	TENNIS

85 - Formen

```
O V A L E P O L I G O N O C
C R O T O N D O Q O C N T U
U C E R C H I O U L A T O R
B B T Y C U U P A W T C Z V
O P R I S M A Z D B Q S I A
I C I Q C O N O R G W F H E
P I A A R E T T A N G O L O
E L N D R A C D T B O R D I
R I G W E C Y Q O S Z H Y Z
B N O H G E O A N G O L O K
O D L I N E A P R S T Z S U
L R O Q W X U I F O O K K P
E O X A C P I R A M I D E U
E L L I S S E Q T I S A Y X
```

ARCO	OVALE
TRIANGOLO	POLIGONO
ANGOLO	PRISMA
ELLISSE	PIRAMIDE
IPERBOLE	QUADRATO
BORDI	RETTANGOLO
CONO	ROTONDO
CERCHIO	LATO
CURVA	CUBO
LINEA	CILINDRO

86 - Adjektive #2

```
A J Z D N O R M A L E R N B
N U J C R E A T I V O P N Z
I O T B S A L A T O B I A C
N R D E X G M E L R U E T O
T G E P N L C M G G Z I U M
E O S R A T Z C A A Q Y R M
R G C O F E I T U T N B A E
E L R D F T G C E B I T L S
S I I U A F A M O S O C E T
S O T T M R N K P A A M O I
A S T T A E U O O N Q Q N B
N O I I T S O M E O P D N I
T M V V O C V X N W U O P L
E N O O Y O O G K F O R T E
```

AUTENTICO
FAMOSO
DESCRITTIVO
DRAMMATICO
ELEGANTE
COMMESTIBILE
FRESCO
SANO
AFFAMATO

INTERESSANTE
CREATIVO
NATURALE
NUOVO
NORMALE
PRODUTTIVO
SALATO
FORTE
ORGOGLIOSO

87 - Kleidung

```
Q  C  B  P  A  N  T  A  L  O  N  I  J  J
T  O  J  R  M  C  A  P  P  E  L  L  O  Z
S  L  E  G  A  K  K  B  L  R  C  B  L  Z
C  L  A  R  G  C  A  M  I  C  E  T  T  A
I  A  N  E  L  A  C  F  G  T  M  I  M  U
A  N  S  M  I  M  N  I  U  N  O  E  C  N
R  A  R  B  O  I  U  A  A  M  D  W  B  Z
P  K  P  I  N  C  Q  N  N  L  A  X  C  I
A  S  I  U  E  I  S  G  T  J  E  B  I  E
A  Q  G  L  S  A  I  N  I  U  X  T  N  T
T  R  I  E  S  G  O  N  N  A  R  F  T  M
S  C  A  R  P  A  L  G  Z  G  C  T  U  O
A  G  M  G  I  O  I  E  L  L  O  C  R  X
T  W  A  C  A  P  P  O  T  T  O  S  A  P
```

BRACCIALETTO	ABITO
CAMICETTA	CAPPOTTO
CINTURA	MODA
COLLANA	MAGLIONE
GUANTI	GONNA
CAMICIA	SCIARPA
PANTALONI	PIGIAMA
CAPPELLO	GIOIELLO
GIACCA	SCARPA
JEANS	GREMBIULE

88 - Sommer

```
R Z A Y I P F J C J U L M U
I W Q L G I V A A C E I U C
L N E H U M I B M Q S B S I
A I T C U M A Y P I A R I B
S T E L L E G P E D G I C O
S S M A A R G H G B C L A G
A P P T M S I E G S A O I I
M I O C V I O X I M C S O A
E A L W A O C G O K Q H T R
N G I M C N H I W I X G Y D
T G B Q A E F R I C O R D I
O I E L N R G I O C H I O N
U A R L Z C E G I O I A U O
N U O T A R E S A N D A L I
```

LIBRI	MARE
CAMPEGGIO	MUSICA
RILASSAMENTO	VIAGGIO
RICORDI	SANDALI
CIBO	NUOTARE
FAMIGLIA	GIOCHI
TEMPO LIBERO	STELLE
GIOIA	SPIAGGIA
AMICI	IMMERSIONE
GIARDINO	VACANZA

89 - Farben

```
A  B  L  U  S  L  M  P  R  B  V  E  E  O
G  R  I  G  I  O  T  B  O  I  E  W  X  W
H  O  A  A  K  H  B  K  S  Z  R  I  Q  L
C  S  E  N  N  Q  K  H  S  Q  D  F  G  E
I  A  O  E  C  C  F  X  O  D  E  U  I  E
A  G  X  R  R  I  O  C  T  J  D  C  A  K
N  P  S  O  E  O  A  K  M  Q  M  S  L  D
O  D  D  Z  M  A  G  E  N  T  A  I  L  G
Q  Y  S  V  I  O  L  A  F  G  R  A  O  S
G  D  O  S  S  E  P  P  I  A  R  O  W  W
E  Y  S  J  I  I  N  D  A  C  O  A  X  D
I  I  Y  H  Q  S  U  T  A  G  N  I  N  B
T  K  W  W  Z  D  D  F  M  M  E  P  Y  S
O  D  G  O  K  D  U  A  Z  Z  U  R  R  O
```

AZZURRO	MAGENTA
BEIGE	ARANCIA
BLU	CREMISI
MARRONE	ROSA
FUCSIA	ROSSO
GIALLO	NERO
GRIGIO	SEPPIA
VERDE	BIANCO
INDACO	CIANO
VIOLA	

90 - Haus

```
C  H  I  A  V  I  A  T  W  G  M  M  S  D
M  R  O  G  L  W  S  S  G  Y  O  O  O  O
S  M  T  F  N  N  G  C  I  N  F  B  F  C
P  R  E  C  I  N  T  O  A  G  I  I  F  C
E  F  T  J  D  P  B  P  R  L  N  L  I  I
C  X  T  A  H  K  I  A  D  A  E  I  T  A
C  A  O  A  T  N  B  L  I  M  S  O  T  R
H  J  M  Q  G  T  L  U  N  P  T  D  O  I
I  I  P  I  W  W  I  Q  O  A  R  I  T  P
O  Q  B  Q  N  L  O  C  T  D  A  H  I  A
P  O  R  T  A  O  T  O  O  A  P  E  S  R
C  A  M  E  R  A  E  G  A  R  A  G  E  E
O  D  F  L  S  O  C  U  C  I  N  A  O  T
Y  X  I  G  Q  T  A  D  E  O  O  I  L  E
```

SCOPA	CUCINA
BIBLIOTECA	LAMPADA
TETTO	MOBILIO
ATTICO	CHIAVI
SOFFITTO	SPECCHIO
DOCCIA	SCALE
FINESTRA	PORTA
GARAGE	PARETE
GIARDINO	RECINTO
CAMINO	CAMERA

91 - Bauernhof #1

```
I  H  M  A  I  A  L  E  Y  J  D  A  F  R
G  T  U  P  S  S  C  Q  L  P  I  G  E  I
A  E  C  E  V  I  T  E  L  L  O  R  R  S
F  P  C  B  M  J  N  C  Q  Y  C  I  T  O
B  C  A  V  A  L  L  O  X  F  K  C  I  R
C  A  M  P  O  C  Q  R  X  O  U  O  L  S
P  F  I  E  N  O  K  V  G  B  N  L  I  Y
L  O  E  X  N  N  O  O  M  R  Y  T  Z  S
H  P  L  R  E  C  I  N  T  O  X  U  Z  W
Q  G  E  L  C  A  P  R  A  S  S  R  A  M
Z  C  A  K  O  B  L  U  N  P  C  A  N  E
I  C  S  T  Z  P  W  T  F  K  J  K  T  Z
Z  K  D  Z  T  Y  E  T  E  R  R  A  E  F
A  C  Q  U  A  O  Q  I  X  R  T  A  H  K
```

APE	CORVO
FERTILIZZANTE	MUCCA
ASINO	TERRA
CAMPO	AGRICOLTURA
FIENO	CAVALLO
MIELE	RISO
POLLO	MAIALE
CANE	ACQUA
VITELLO	RECINTO
GATTO	CAPRA

92 - Berufe #1

```
C P C G C M U S I C I S T A
A I P I A E B E N O V I A R
R A S O C D A G F N E D V T
T N I I C I L M E T T R V I
O I C E I C L B R A E A O S
G S O L A O E A M B R U C T
R T L L T L R N I I I L A A
A A O I O A I C E L N I T E
F R G E R T N H R E A C O O
O U O R E N O I A Q R O E L
Q E D E J I X E Y U I B G C
Y J W I A S T R O N O M O F
A I G A W Z G E O L O G O T
A M B A S C I A T O R E S Q
```

MEDICO
ASTRONOMO
BANCHIERE
AMBASCIATORE
CONTABILE
GEOLOGO
CACCIATORE
GIOIELLIERE
CARTOGRAFO

IDRAULICO
INFERMIERA
ARTISTA
MUSICISTA
PIANISTA
PSICOLOGO
AVVOCATO
BALLERINO
VETERINARIO

93 - Adjektive #1

```
D  K  F  L  A  E  W  B  J  E  R  X  L  A
I  A  P  E  S  A  N  T  E  N  S  H  H  T
D  R  F  P  S  S  C  U  R  O  B  R  O  T
E  O  L  E  O  L  O  C  N  R  E  E  G  I
N  M  Z  R  L  O  E  T  L  M  L  X  M  V
T  A  M  F  U  I  R  N  T  E  L  B  O  O
I  T  T  E  T  Y  C  N  T  I  O  P  D  F
C  I  X  T  O  O  D  E  B  O  L  N  E  T
O  C  E  T  O  N  E  S  T  O  J  E  R  O
W  O  K  O  P  R  E  Z  I  O  S  O  N  C
I  N  N  O  C  E  N  T  E  N  Q  F  O  T
P  R  O  F  O  N  D  O  U  M  Q  L  B  F
A  R  T  I  S  T  I  C  O  T  Z  O  H  T
S  A  T  T  R  A  E  N  T  E  W  H  L  L
```

ASSOLUTO	LENTO
ATTIVO	MODERNO
AROMATICO	PERFETTO
ATTRAENTE	ENORME
SCURO	BELLO
SOTTILE	PESANTE
ONESTO	PROFONDO
FELICE	INNOCENTE
IDENTICO	PREZIOSO
ARTISTICO	

94 - Mathematik

```
S G P O L I G O N O G C R T
F O H T J V E S F B S D E Y
E C M E S P O N E N T E T S
R A X M N Q M L Q Q E C T F
A P X H A M E I U Y H I A A
N U M E R I T K A M I M N R
R A G G I O R S Z J E A G I
F Y M N Q S I O I H L L O T
X F G K R O A R O E P E L M
Q S X I T R I A N G O L O E
Q U A D R A T O E T I L D T
S I M M E T R I A Y D C T I
A N G O L I F U C Y C P N C
F R A Z I O N E H Y X H O A
```

ARITMETICA	QUADRATO
FRAZIONE	RAGGIO
DECIMALE	RETTANGOLO
TRIANGOLO	SOMMA
ESPONENTE	SIMMETRIA
GEOMETRIA	VOLUME
EQUAZIONE	ANGOLI
SFERA	NUMERI
POLIGONO	

95 - Messungen

```
B  L  P  G  U  N  C  B  O  J  B  B  L  G
I  Q  P  R  T  K  H  L  Y  Q  A  G  U  U
D  A  O  A  O  K  I  W  S  T  K  E  N  E
G  L  L  M  N  F  L  H  F  Y  E  Y  G  E
R  T  L  M  N  V  O  L  U  M  E  O  H  C
A  E  I  O  E  Y  G  N  K  J  J  N  E  H
D  Z  C  M  L  Z  R  L  D  L  U  C  Z  I
O  Z  E  X  L  A  A  T  E  I  B  I  Z  L
M  A  S  S  A  I  M  O  C  T  T  A  A  O
G  G  G  F  T  B  M  B  I  R  P  À  R  M
B  D  W  F  A  Y  O  P  M  O  R  K  D  E
M  I  N  U  T  O  K  K  A  L  N  G  E  T
C  G  M  E  T  R  O  N  L  P  E  S  O  R
S  H  K  L  A  R  G  H  E  Z  Z  A  Z  O
```

LARGHEZZA	LITRO
BYTE	MASSA
DECIMALE	METRO
PESO	MINUTO
GRADO	PROFONDITÀ
GRAMMO	TONNELLATA
ALTEZZA	ONCIA
CHILOGRAMMO	VOLUME
CHILOMETRO	POLLICE
LUNGHEZZA	

96 - Schlösser

```
T R C A T A P U L T A O A P
O E H M W C D B M E P T L G
R G T K F O R T E Z Z A J E
R N F M J C S P A D A J L U
E O U Z P R P R I N C I P E
D U N I C O R N O C A M S Q
I M P E R O N B X A V D A M
N Y A Q M X N W U V A R R F
A W L S C U D O W A L A M E
S P A R E T E I B L L G A U
T R Z G M E K G F I O O T D
I E Z N U Y D C Z E L O U A
A H O C O R O N A R G E R L
O W P R I N C I P E S S A E
```

DRAGO
DINASTIA
NOBILE
UNICORNO
FORTEZZA
FEUDALE
CATAPULTA
REGNO
CORONA
PALAZZO

CAVALLO
PRINCIPE
PRINCIPESSA
IMPERO
CAVALIERE
ARMATURA
SCUDO
SPADA
TORRE
PARETE

97 - Bauernhof #2

```
N P L A M A S A H J C H W T
T R A T T O R E R N L T E D
Q A V S M W X B R C X N L I
T N W E T F R U T T E T O F
M A T U R O K D O Z X L A R
A T W S A D R C K R Q P G U
P R A T O H U E S W Z E N T
E A K Y C R G R A N O O E T
C N F U S R R O A E J S L A
O I R R I G A Z I O N E L L
R M F I E N I L E M S T O A
A A A G R I C O L T O R E T
A L V E A R E H M D Y S A T
A I E Q Y T M A I S C Y Z E
```

AGRICOLTORE
IRRIGAZIONE
ALVEARE
ANATRA
FRUTTA
VERDURA
ORZO
LAMA
AGNELLO
MAIS

LATTE
FRUTTETO
MATURO
PECORA
PASTORE
FIENILE
ANIMALI
TRATTORE
GRANO
PRATO

98 - Berufe #2

```
F A P R I C E R C A T O R E
O S I I N S E G N A N T E B
T T L A T F I L O S O F O I
O R O K B T Z O O L O G O B
G O T U B I O L O G O Y Z L
R N A T C H I R U R G O M I
A A J E F W G M E D I C O O
F U D E T E C T I V E O S T
O T L I N G U I S T A T A E
O A I N V E N T O R E K W C
G I O R N A L I S T A X S A
N Y J P O D E N T I S T A R
I L L U S T R A T O R E E I
K I N G E G N E R E W X H O
```

MEDICO
ASTRONAUTA
BIBLIOTECARIO
BIOLOGO
CHIRURGO
DETECTIVE
INVENTORE
RICERCATORE
FOTOGRAFO
ILLUSTRATORE

INGEGNERE
GIORNALISTA
INSEGNANTE
LINGUISTA
PITTORE
FILOSOFO
PILOTA
DENTISTA
ZOOLOGO

99 - Erforschung

```
Z E C C I T A Z I O N E R S
P Y P C U Z R C T U C P I C
F R M O A L I N G U A E C O
M M K R Q S T A B C N R E P
F S P A Z I O U N E Z I R E
Y Q J G I J H A R I W M C R
R A J G G A I N J E M P A T
A T T I V I T À U B E A Y A
K Z P O V I A G G I O R L R
E S A U R I M E N T O A D I
P E R I C O L I B U W R C I
P E R I C O L O S O O E O I
S C O N O S C I U T O V N H
B S L L T E R R E N O W O Q
```

ATTIVITÀ
ECCITAZIONE
SCOPERTA
ESAURIMENTO
PERICOLI
PERICOLOSO
TERRENO
CULTURE
PER IMPARARE

CORAGGIO
NUOVO
SPAZIO
VIAGGIO
LINGUA
RICERCA
ANIMALI
SCONOSCIUTO

100 - Wetter

```
T E M P E R A T U R A A P T
C E R M U T C B U F S T O U
O I M J Z K L R R U I M L O
Q U E P G M I E A L G O A N
Y A H L E K M Z G M H S R O
H R V P O S A Z A I I F E K
X C E N X U T A N N A E F D
M O N S O N E A O E C R Y N
H B T M F T R O P I C A L E
S A O A Y F S I C C I T À B
R L A S C I U T T O O R P B
P E T O R N A D O N Z W Q I
C N R H C N U B E T S E O A
D O H C T S W G A G A N T O
```

ATMOSFERA
FULMINE
BREZZA
TUONO
SICCITÀ
GHIACCIO
CIELO
URAGANO
CLIMA
MONSONE

NEBBIA
POLARE
ARCOBALENO
TEMPESTA
TEMPERATURA
TORNADO
ASCIUTTO
TROPICALE
VENTO
NUBE

1 - Ozean

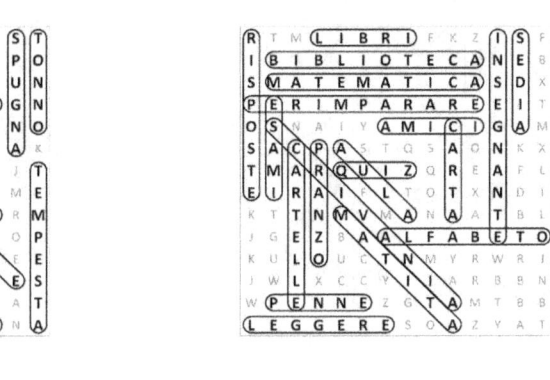

2 - Schule #1

3 - Meditation

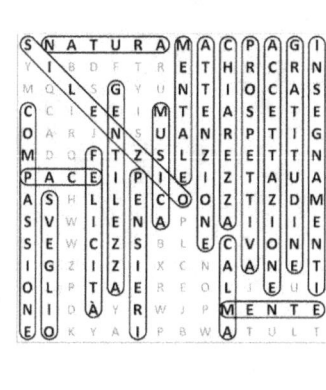

4 - Meisterschaft

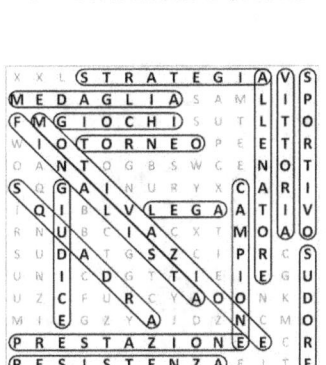

5 - Insekten

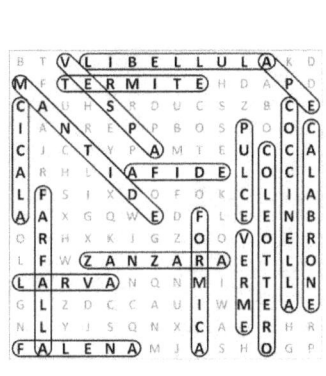

6 - Dinosaurier

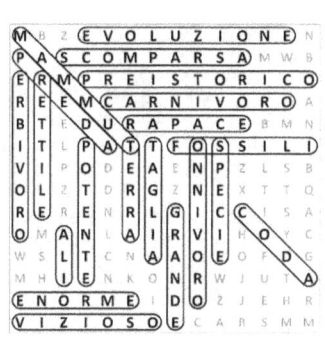

7 - Obst

8 - Schule #2

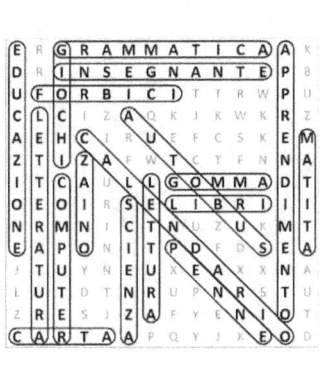

9 - Spielzeuge

10 - Camping

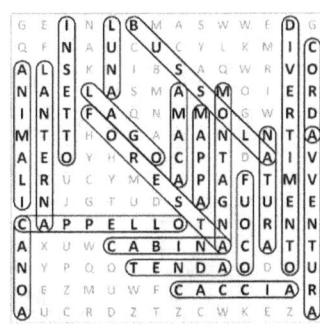

11 - Zeit

12 - Säugetiere

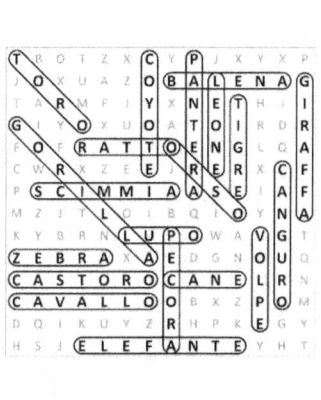

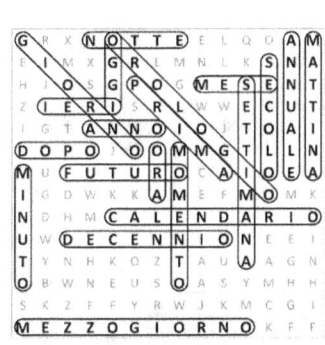

13 - Astronomie

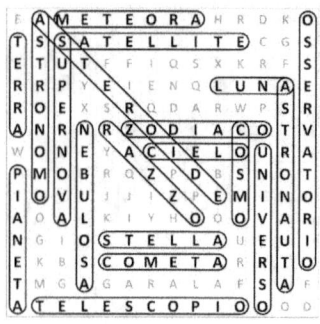

14 - Ballett

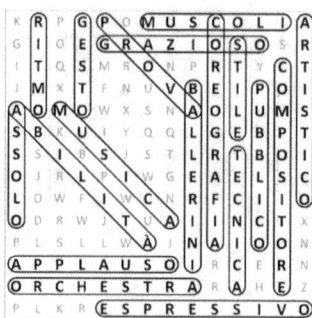

15 - Strand

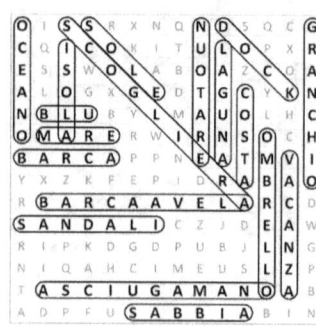

16 - Restaurant #1

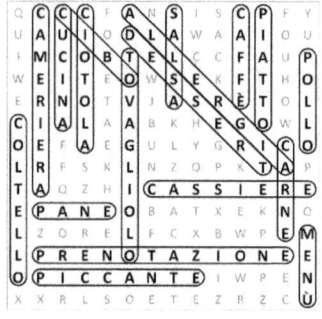

17 - Geologie

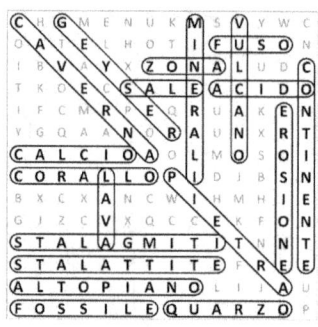

18 - Wissenschaft

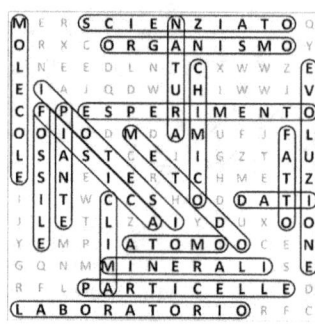

19 - Bildende Kunst

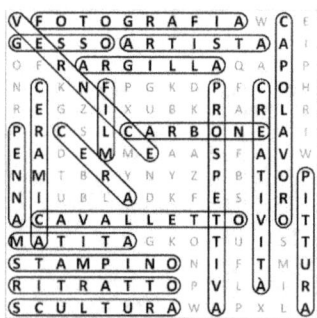

20 - Sport

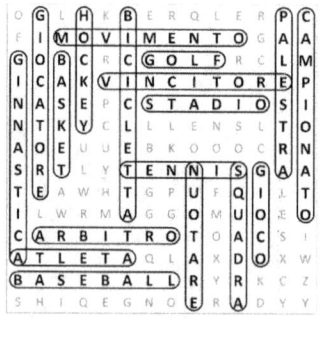

21 - Mythologie

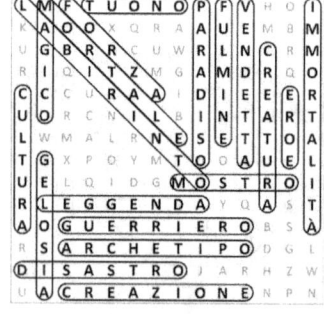

22 - Restaurant #2

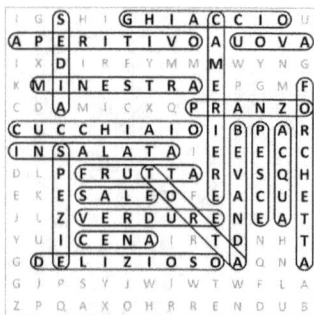

23 - Ökologie

24 - Schokolade

25 - Boote

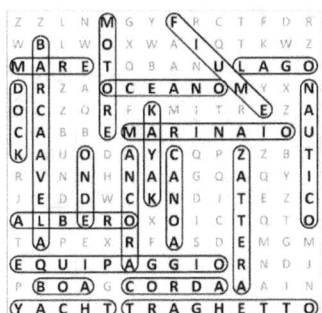

26 - Stadt

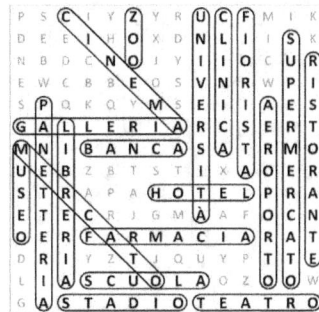

27 - Aktivitäten

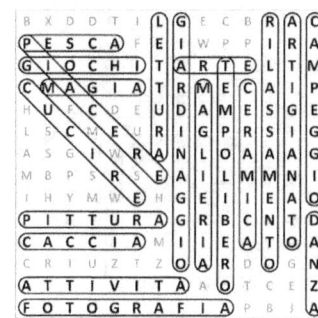

28 - Bienen

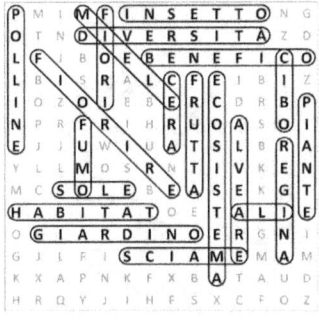

29 - Wissenschaftliche

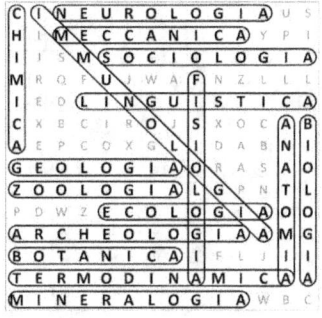

30 - Vögel

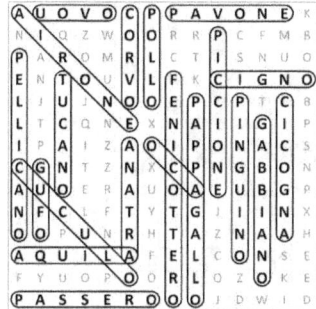

31 - Garten

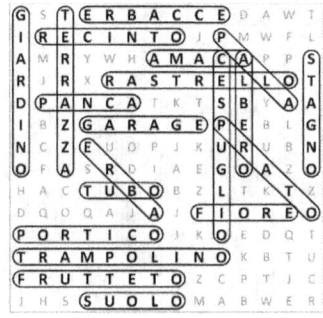

32 - Antarktis

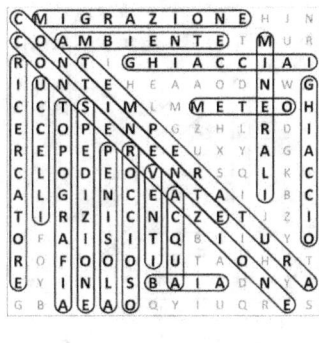

33 - Fahren

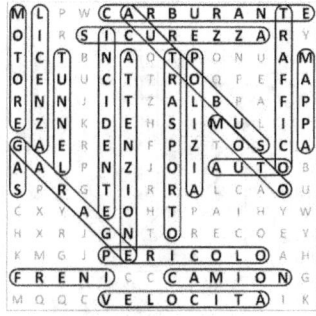

34 - Bücher

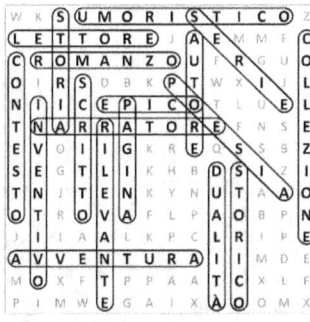

35 - Menschlicher Körper

36 - Klettern

37 - Landschaften

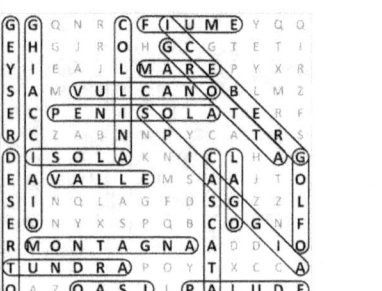

38 - Abenteuer

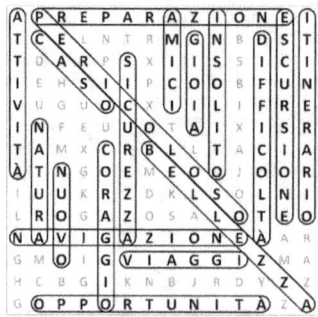

39 - Flugzeuge

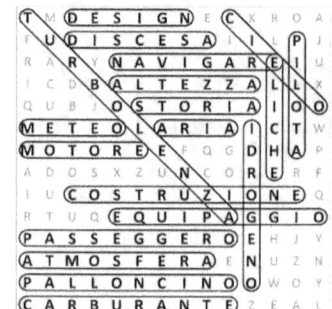

40 - Haartypen

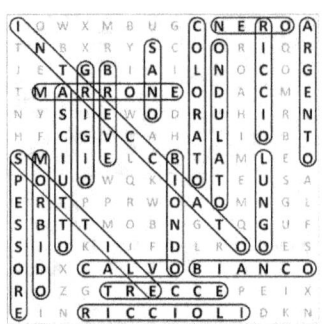

41 - Essen #1

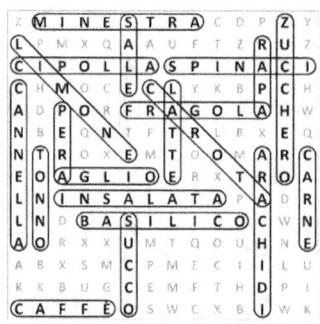

42 - Gebäude

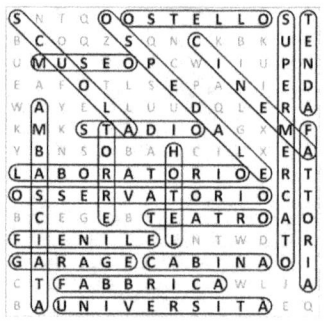

43 - Angeln

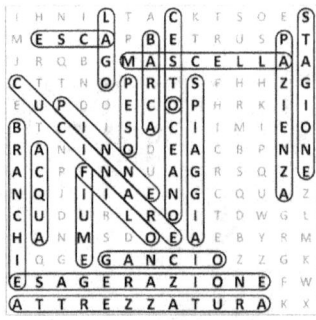

44 - Regenwald

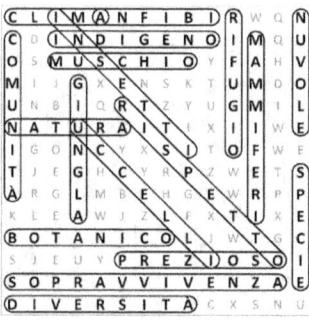

45 - Essen #2

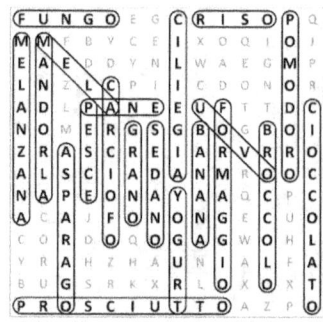

46 - Familie

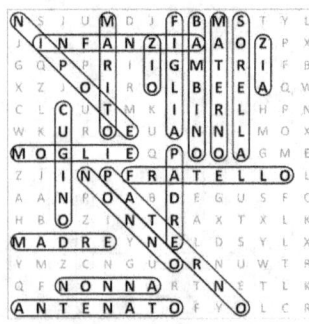

47 - Pflanzen

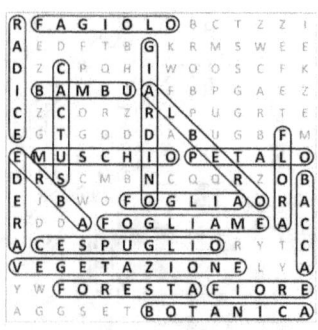

48 - Kunst

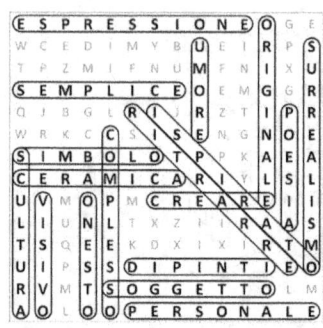

49 - Gewürze

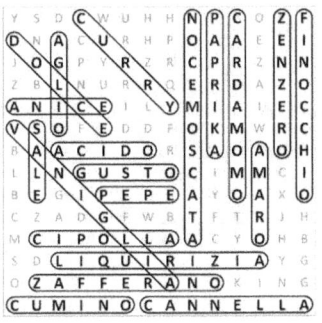

50 - Gemüse

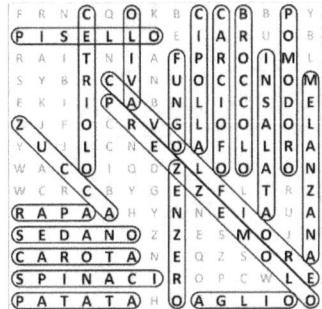

51 - Katzen

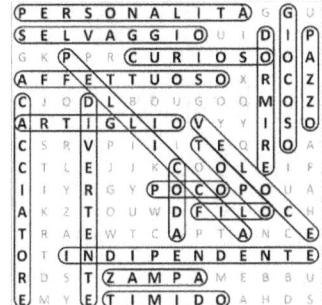

52 - Tanzen

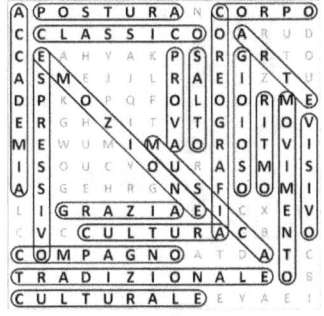

53 - Ernährung

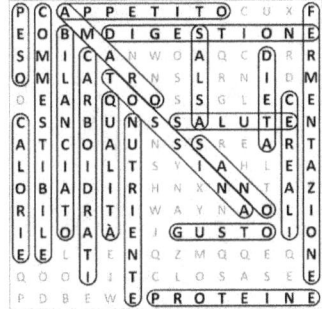

54 - Technologie

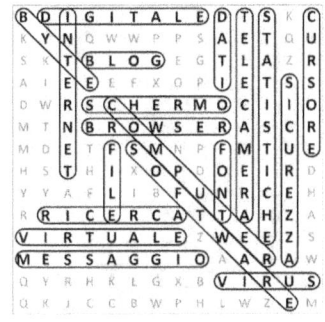

55 - Wasser

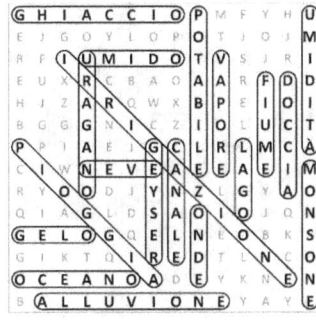

56 - Science Fiction

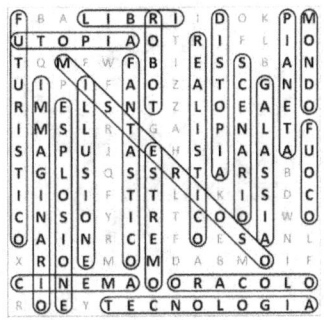

57 - Haustiere

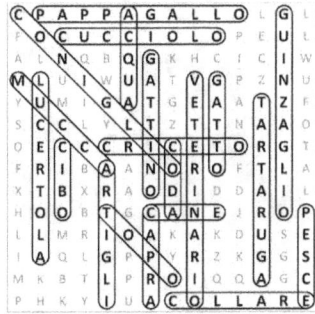

58 - Geburtstag

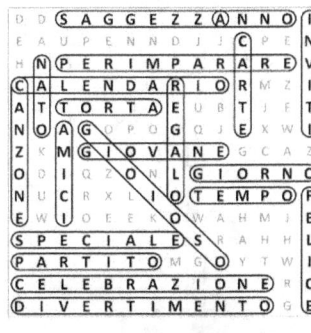

59 - Literatur

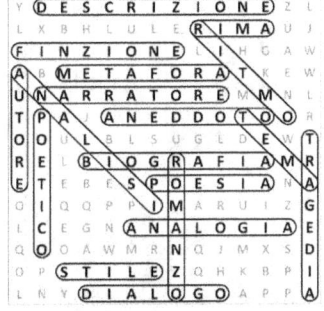

60 - Wandern

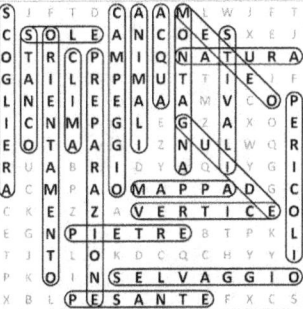

61 - Länder #2

62 - Fahrzeuge

63 - Musikinstrumente

64 - Blumen

65 - Natur

66 - Urlaub #2

67 - Zirkus

68 - Barbecues

69 - Küche

70 - Schach

71 - Erhaltung

72 - Geographie

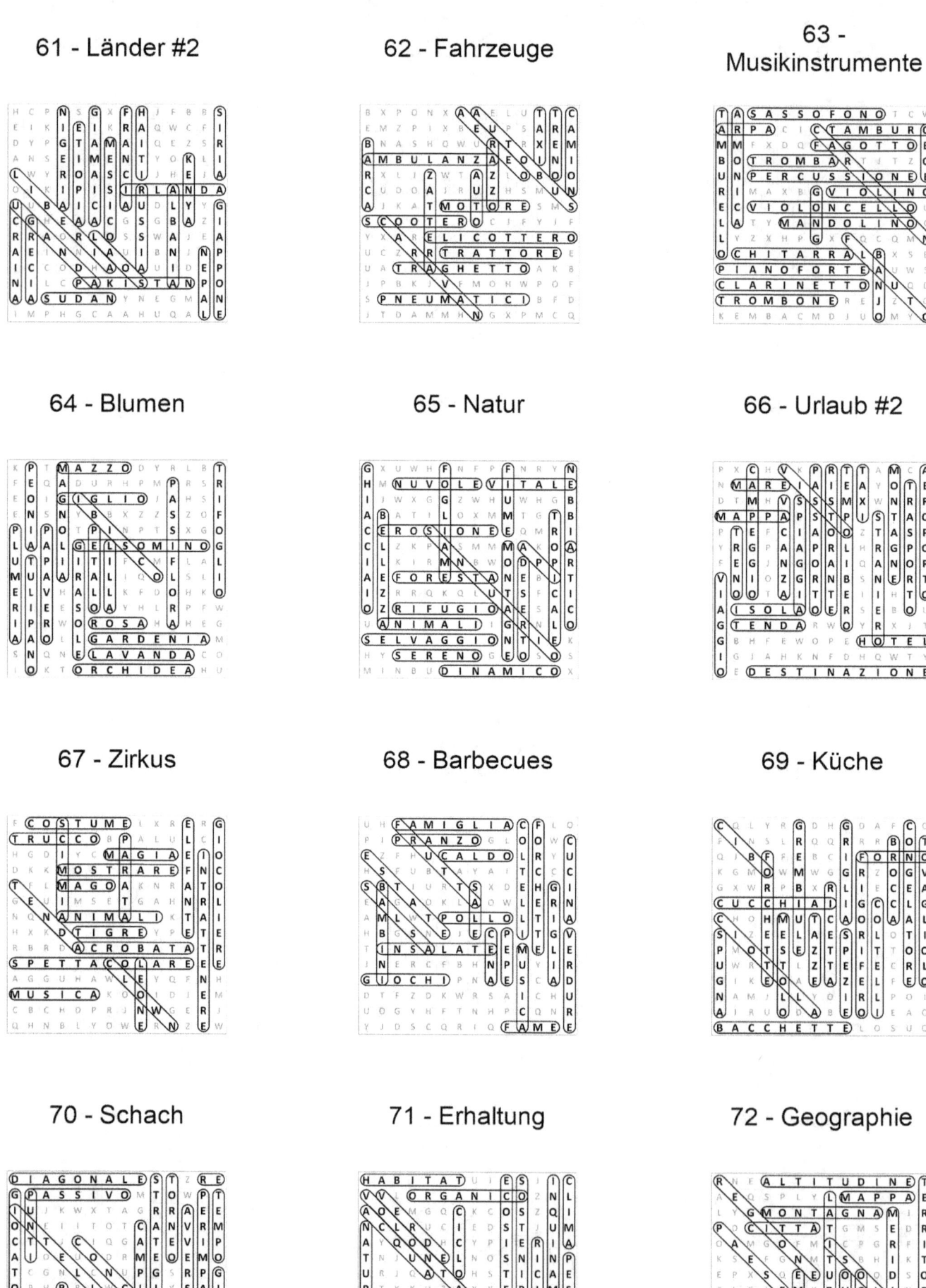

73 - Zahlen

74 - Urlaub #1

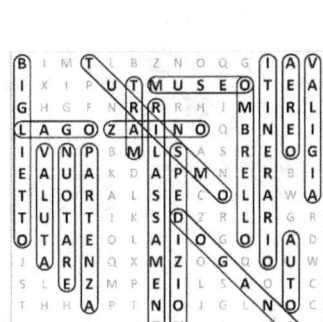

75 - Kunst Liefert

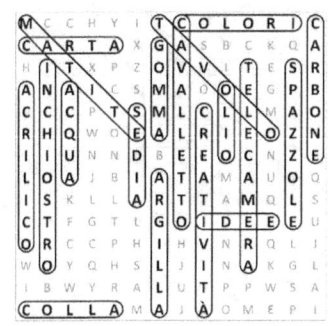

76 - Tage und Monate

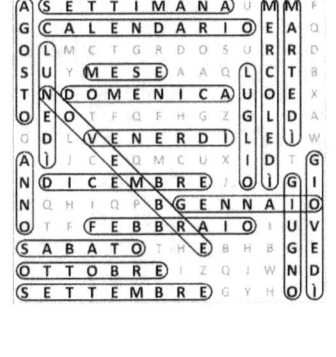

77 - Piraten

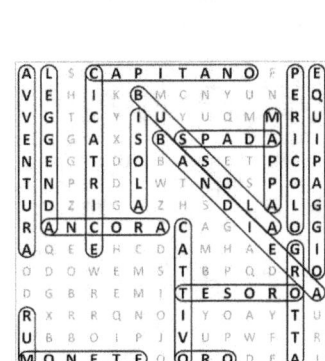

78 - Emotionen

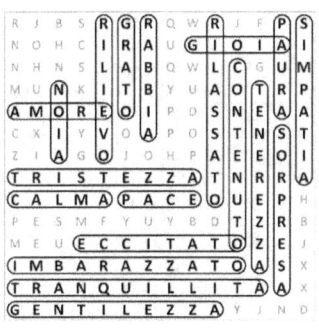

79 - Zu Füllen

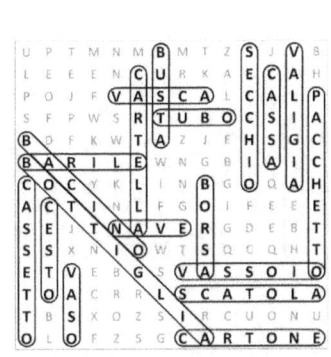

80 - Surfen

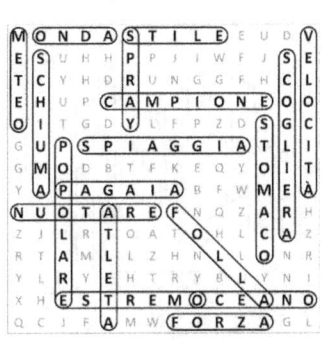

81 - Möbel

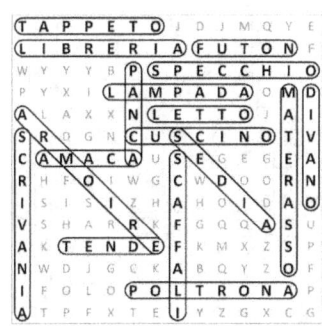

82 - Kräuterkunde

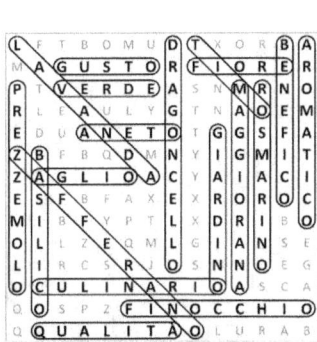

83 - Tugenden #1

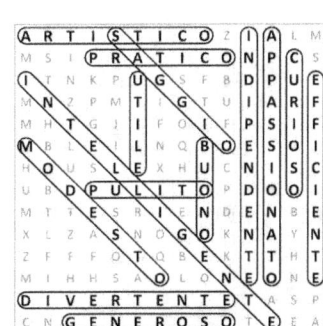
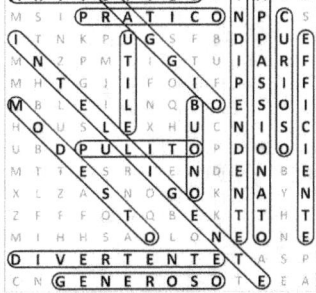

84 - Aktivitäten und Freizeit

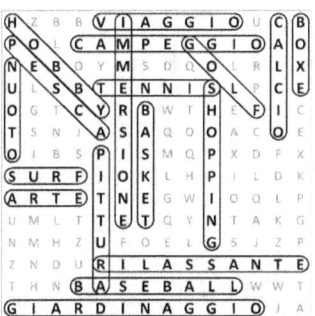

85 - Formen

86 - Adjektive #2

87 - Kleidung

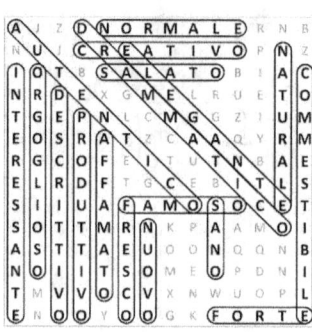
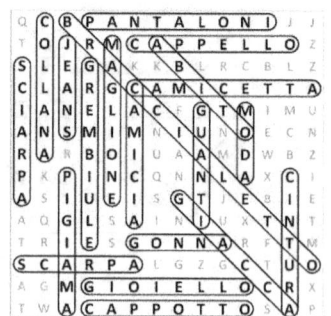

88 - Sommer

89 - Farben

90 - Haus

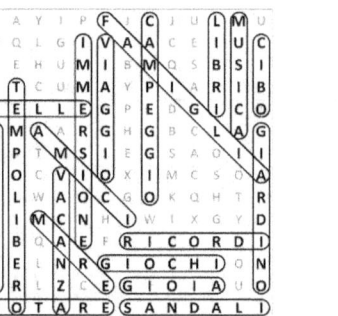
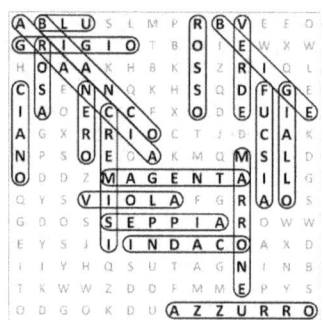
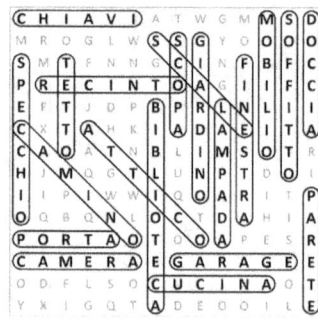

91 - Bauernhof #1

92 - Berufe #1

93 - Adjektive #1

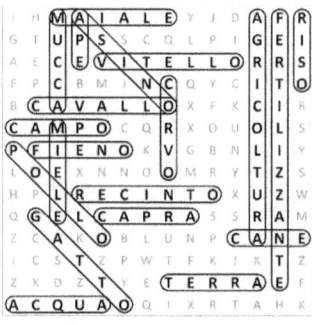
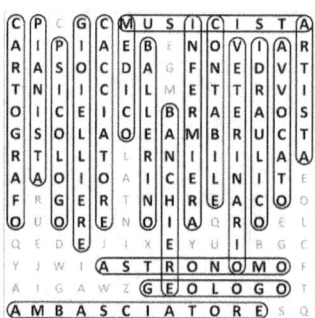
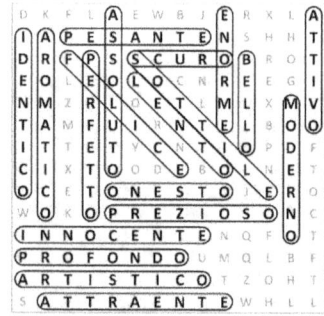

94 - Mathematik

95 - Messungen

96 - Schlösser

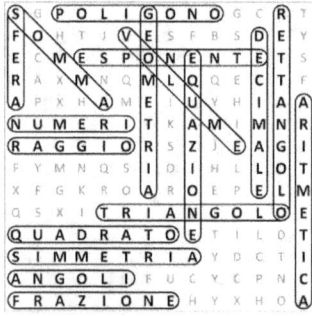
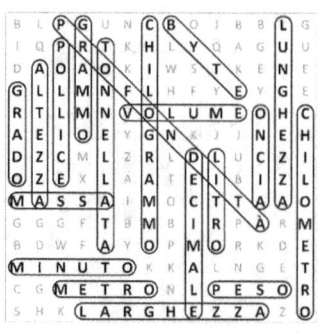
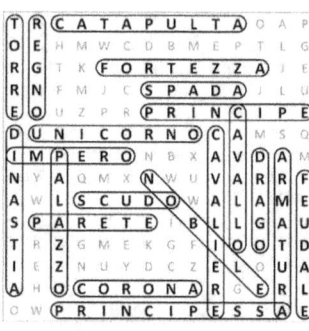

97 - Bauernhof #2

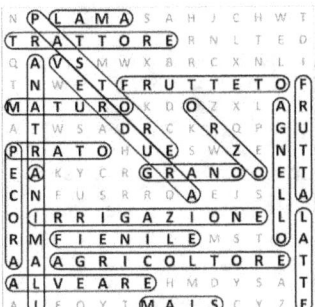

98 - Berufe #2

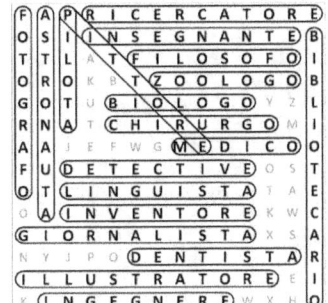

99 - Erforschung

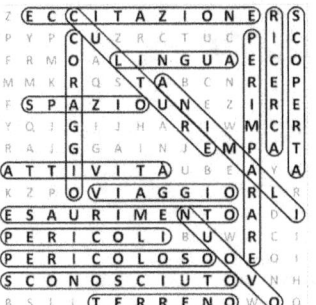

100 - Wetter

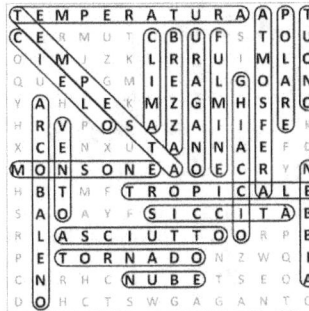

Wörterbuch

Abenteuer
Avventura

Aktivität	Attività
Ausflug	Escursione
Chance	Caso
Freude	Gioia
Freunde	Amici
Gefährlich	Pericoloso
Gelegenheit	Opportunità
Natur	Natura
Navigation	Navigazione
Neu	Nuovo
Reisen	Viaggi
Route	Itinerario
Schönheit	Bellezza
Schwierigkeit	Difficoltà
Sicherheit	Sicurezza
Tapferkeit	Coraggio
Ungewöhnlich	Insolito
Überraschend	Sorprendente
Vorbereitung	Preparazione
Ziel	Destinazione

Adjektive #1
Aggettivi #1

Absolut	Assoluto
Aktiv	Attivo
Aromatisch	Aromatico
Attraktiv	Attraente
Dunkel	Scuro
Dünn	Sottile
Ehrlich	Onesto
Glücklich	Felice
Identisch	Identico
Künstlerisch	Artistico
Langsam	Lento
Modern	Moderno
Perfekt	Perfetto
Riesig	Enorme
Schön	Bello
Schwer	Pesante
Tief	Profondo
Unschuldig	Innocente
Wertvoll	Prezioso
Wichtig	Importante

Adjektive #2
Aggettivi #2

Authentisch	Autentico
Berühmt	Famoso
Beschreibend	Descrittivo
Dramatisch	Drammatico
Elegant	Elegante
Essbar	Commestibile
Frisch	Fresco
Gesund	Sano
Hungrig	Affamato
Interessant	Interessante
Kreativ	Creativo
Natürlich	Naturale
Neu	Nuovo
Normal	Normale
Produktiv	Produttivo
Salzig	Salato
Stark	Forte
Stolz	Orgoglioso
Verantwortlich	Responsabile
Wild	Selvaggio

Aktivitäten
Attività

Aktivität	Attività
Angeln	Pesca
Camping	Campeggio
Entspannung	Rilassamento
Fotografie	Fotografia
Freizeit	Tempo Libero
Gartenarbeit	Giardinaggio
Gemälde	Pittura
Jagd	Caccia
Keramik	Ceramica
Kunst	Arte
Kunsthandwerk	Artigianato
Lesen	Lettura
Magie	Magia
Nähen	Cucire
Spiele	Giochi
Stricken	Maglieria
Tanzen	Danza
Vergnügen	Piacere
Wandern	Escursioni

Aktivitäten und Freizeit
Attività e Tempo Libero

Angeln	Pesca
Baseball	Baseball
Basketball	Basket
Boxen	Boxe
Camping	Campeggio
Einkaufen	Shopping
Entspannend	Rilassante
Fussball	Calcio
Gartenarbeit	Giardinaggio
Gemälde	Pittura
Golf	Golf
Hobbies	Hobby
Kunst	Arte
Reise	Viaggio
Schwimmen	Nuoto
Surfen	Surf
Tauchen	Immersione
Tennis	Tennis
Volleyball	Pallavolo
Wandern	Escursioni

Angeln
Pesca

Ausrüstung	Attrezzatura
Boot	Barca
Draht	Filo
Flossen	Pinne
Fluss	Fiume
Geduld	Pazienza
Gewicht	Peso
Haken	Gancio
Jahreszeit	Stagione
Kiefer	Mascella
Kiemen	Branchie
Kochen	Cucinare
Korb	Cesto
Köder	Esca
Ozean	Oceano
See	Lago
Strand	Spiaggia
Übertreibung	Esagerazione
Wasser	Acqua

Antarktis
Antartide

Bucht	Baia
Eis	Ghiaccio
Erhaltung	Conservazione
Expedition	Spedizione
Felsig	Roccioso
Forscher	Ricercatore
Geographie	Geografia
Gletscher	Ghiacciai
Halbinsel	Penisola
Kontinent	Continente
Migration	Migrazione
Mineralien	Minerali
Temperatur	Temperatura
Topographie	Topografia
Umwelt	Ambiente
Vögel	Uccelli
Wasser	Acqua
Wetter	Meteo
Wind	Venti
Wissenschaftlich	Scientifico

Astronomie
Astronomia

Asteroid	Asteroide
Astronaut	Astronauta
Astronom	Astronomo
Erde	Terra
Himmel	Cielo
Komet	Cometa
Konstellation	Costellazione
Kosmos	Cosmo
Meteor	Meteora
Mond	Luna
Nebel	Nebulosa
Observatorium	Osservatorio
Planet	Pianeta
Rakete	Razzo
Satellit	Satellite
Stern	Stella
Supernova	Supernova
Teleskop	Telescopio
Tierkreis	Zodiaco
Universum	Universo

Ballett
Balletto

Anmutig	Grazioso
Applaus	Applauso
Ausdrucksvoll	Espressivo
Ballerina	Ballerina
Choreographie	Coreografia
Fähigkeit	Abilità
Geste	Gesto
Intensität	Intensità
Komponist	Compositore
Künstlerisch	Artistico
Musik	Musica
Muskel	Muscoli
Orchester	Orchestra
Probe	Prova
Publikum	Pubblico
Rhythmus	Ritmo
Solo	Assolo
Stil	Stile
Tänzer	Ballerini
Technik	Tecnica

Barbecues
Barbecue

Abendessen	Cena
Familie	Famiglia
Frucht	Frutta
Gabeln	Forchette
Gemüse	Verdure
Grill	Griglia
Heiss	Caldo
Huhn	Pollo
Hunger	Fame
Kinder	Bambini
Kochen	Cucina
Messer	Coltelli
Mittagessen	Pranzo
Musik	Musica
Pfeffer	Pepe
Salate	Insalate
Salz	Sale
Sommer	Estate
Sosse	Salsa
Spiele	Giochi

Bauernhof #1
Fattoria #1

Biene	Ape
Dünger	Fertilizzante
Esel	Asino
Feld	Campo
Heu	Fieno
Honig	Miele
Huhn	Pollo
Hund	Cane
Kalb	Vitello
Katze	Gatto
Krähe	Corvo
Kuh	Mucca
Land	Terra
Landwirtschaft	Agricoltura
Pferd	Cavallo
Reis	Riso
Schwein	Maiale
Wasser	Acqua
Zaun	Recinto
Ziege	Capra

Bauernhof #2
Fattoria #2

Bauer	Agricoltore
Bewässerung	Irrigazione
Bienenstock	Alveare
Ente	Anatra
Frucht	Frutta
Gemüse	Verdura
Gerste	Orzo
Lama	Lama
Lamm	Agnello
Mais	Mais
Milch	Latte
Obstgarten	Frutteto
Reif	Maturo
Schaf	Pecora
Schäfer	Pastore
Scheune	Fienile
Tiere	Animali
Traktor	Trattore
Weizen	Grano
Wiese	Prato

Berufe #1
Professioni #1

Arzt	Medico
Astronom	Astronomo
Bankier	Banchiere
Botschafter	Ambasciatore
Buchhalter	Contabile
Geologe	Geologo
Jäger	Cacciatore
Juwelier	Gioielliere
Kartograph	Cartografo
Klempner	Idraulico
Krankenschwester	Infermiera
Künstler	Artista
Mechaniker	Meccanico
Musiker	Musicista
Pianist	Pianista
Psychologe	Psicologo
Rechtsanwalt	Avvocato
Tänzer	Ballerino
Tierarzt	Veterinario
Trainer	Allenatore

Berufe #2
Professioni #2

Arzt	Medico
Astronaut	Astronauta
Bibliothekar	Bibliotecario
Biologe	Biologo
Chirurg	Chirurgo
Detektiv	Detective
Erfinder	Inventore
Forscher	Ricercatore
Fotograf	Fotografo
Gärtner	Giardiniere
Illustrator	Illustratore
Ingenieur	Ingegnere
Journalist	Giornalista
Lehrer	Insegnante
Linguist	Linguista
Maler	Pittore
Philosoph	Filosofo
Pilot	Pilota
Zahnarzt	Dentista
Zoologe	Zoologo

Bienen
Api

Bienenkorb	Alveare
Blumen	Fiori
Blüte	Fiorire
Essen	Cibo
Flügel	Ali
Frucht	Frutta
Garten	Giardino
Honig	Miele
Insekt	Insetto
Königin	Regina
Lebensraum	Habitat
Ökosystem	Ecosistema
Pflanzen	Piante
Pollen	Polline
Rauch	Fumo
Schwarm	Sciame
Sonne	Sole
Vielfalt	Diversità
Vorteilhaft	Benefico
Wachs	Cera

Bildende Kunst
Arti Visive

Architektur	Architettura
Bleistift	Matita
Film	Film
Foto	Fotografia
Gemälde	Pittura
Holzkohle	Carbone
Keramik	Ceramica
Kreativität	Creatività
Kreide	Gesso
Künstler	Artista
Lack	Vernice
Meisterwerk	Capolavoro
Perspektive	Prospettiva
Porträt	Ritratto
Schablone	Stampino
Skulptur	Scultura
Staffelei	Cavalletto
Stift	Penna
Ton	Argilla
Wachs	Cera

Blumen
Fiori

Blütenblatt	Petalo
Gardenie	Gardenia
Gänseblümchen	Margherita
Hibiskus	Ibisco
Jasmin	Gelsomino
Klee	Trifoglio
Lavendel	Lavanda
Lila	Lilla
Lilie	Giglio
Magnolie	Magnolia
Mohn	Papavero
Orchidee	Orchidea
Passionsblume	Passiflora
Pfingstrose	Peonia
Plumeria	Plumeria
Rose	Rosa
Sonnenblume	Girasole
Strauss	Mazzo
Tulpe	Tulipano

Boote
Imbarcazioni

Anker	Ancora
Boje	Boa
Crew	Equipaggio
Dock	Dock
Fähre	Traghetto
Floss	Zattera
Fluss	Fiume
Kajak	Kayak
Kanu	Canoa
Mast	Albero
Meer	Mare
Motor	Motore
Nautisch	Nautico
Ozean	Oceano
See	Lago
Seemann	Marinaio
Segelboot	Barca a Vela
Seil	Corda
Wellen	Onde
Yacht	Yacht

Bücher
Libri

Abenteuer	Avventura
Autor	Autore
Dualität	Dualità
Episch	Epico
Erfinderisch	Inventivo
Erzähler	Narratore
Geschichte	Storia
Geschrieben	Scritto
Historisch	Storico
Humorvoll	Umoristico
Kollektion	Collezione
Kontext	Contesto
Leser	Lettore
Literarisch	Letterario
Poesie	Poesia
Relevant	Rilevante
Roman	Romanzo
Seite	Pagina
Serie	Serie
Tragisch	Tragico

Camping
Campeggio

Abenteuer	Avventura
Berg	Montagna
Feuer	Fuoco
Hängematte	Amaca
Hut	Cappello
Insekt	Insetto
Jagd	Caccia
Kabine	Cabina
Kanu	Canoa
Karte	Mappa
Kompass	Bussola
Laterne	Lanterna
Mond	Luna
Natur	Natura
See	Lago
Seil	Corda
Spass	Divertimento
Tiere	Animali
Wald	Foresta
Zelt	Tenda

Dinosaurier
Dinosauri

Allesfresser	Onnivoro
Art	Specie
Beute	Preda
Bösartig	Vizioso
Enorm	Enorme
Erde	Terra
Evolution	Evoluzione
Fleischfresser	Carnivoro
Flügel	Ali
Fossilien	Fossili
Gross	Grande
Grösse	Taglia
Leistungsstark	Potente
Mammut	Mammut
Pflanzenfresser	Erbivoro
Prähistorisch	Preistorico
Raubvogel	Rapace
Reptil	Rettile
Schwanz	Coda
Verschwinden	Scomparsa

Emotionen
Emozioni

Angst	Paura
Aufgeregt	Eccitato
Beschämt	Imbarazzato
Dankbar	Grato
Entspannt	Rilassato
Freude	Gioia
Freundlichkeit	Gentilezza
Frieden	Pace
Inhalt	Contenuto
Langeweile	Noia
Liebe	Amore
Relief	Rilievo
Ruhe	Tranquillità
Ruhig	Calma
Sympathie	Simpatia
Traurigkeit	Tristezza
Überraschen	Sorpresa
Wut	Rabbia
Zärtlichkeit	Tenerezza
Zufrieden	Soddisfatto

Erforschung
Esplorazione

Aktivität	Attività
Aufregung	Eccitazione
Entdeckung	Scoperta
Erschöpfung	Esaurimento
Gefahren	Pericoli
Gefährlich	Pericoloso
Gelände	Terreno
Kulturen	Culture
Lernen	Per Imparare
Mut	Coraggio
Neu	Nuovo
Raum	Spazio
Reise	Viaggio
Sprache	Lingua
Suche	Ricerca
Tiere	Animali
Unbekannt	Sconosciuto
Wild	Selvaggio

Erhaltung
Conservazione

Bildung	Educazione
Freiwillige	Volontario
Gesundheit	Salute
Grün	Verde
Klima	Clima
Lebensraum	Habitat
Nachhaltig	Sostenibile
Natürlich	Naturale
Organisch	Organico
Ökosystem	Ecosistema
Pestizid	Pesticida
Recyceln	Riciclare
Reduzieren	Ridurre
Umwelt	Ambientale
Verschmutzung	Inquinamento
Wasser	Acqua
Zyklus	Ciclo

Ernährung
Nutrizione

Appetit	Appetito
Ausgewogen	Bilanciato
Bitter	Amaro
Diät	Dieta
Essbar	Commestibile
Fermentation	Fermentazione
Geschmack	Gusto
Gesund	Sano
Gesundheit	Salute
Getreide	Cereali
Gewicht	Peso
Kalorien	Calorie
Kohlenhydrate	Carboidrati
Nährstoff	Nutriente
Proteine	Proteine
Qualität	Qualità
Sosse	Salsa
Toxin	Tossina
Verdauung	Digestione
Vitamin	Vitamina

Essen #1
Cibo #1

Basilikum	Basilico
Birne	Pera
Erdbeere	Fragola
Erdnuss	Arachidi
Fleisch	Carne
Kaffee	Caffè
Karotte	Carota
Knoblauch	Aglio
Milch	Latte
Rübe	Rapa
Saft	Succo
Salat	Insalata
Salz	Sale
Spinat	Spinaci
Suppe	Minestra
Thunfisch	Tonno
Zimt	Cannella
Zitrone	Limone
Zucker	Zucchero
Zwiebel	Cipolla

Essen #2
Cibo #2

Apfel	Mela
Artischocke	Carciofo
Aubergine	Melanzana
Banane	Banana
Brokkoli	Broccolo
Brot	Pane
Ei	Uovo
Fisch	Pesce
Joghurt	Yogurt
Käse	Formaggio
Kirsche	Ciliegia
Mandel	Mandorla
Pilz	Fungo
Reis	Riso
Schinken	Prosciutto
Schokolade	Cioccolato
Sellerie	Sedano
Spargel	Asparago
Tomate	Pomodoro
Weizen	Grano

Fahren
Guida

Auto	Auto
Bremsen	Freni
Brennstoff	Carburante
Bus	Autobus
Garage	Garage
Gas	Gas
Gefahr	Pericolo
Geschwindigkeit	Velocità
Karte	Mappa
Lizenz	Licenza
Lkw	Camion
Motor	Motore
Motorrad	Moto
Polizei	Polizia
Sicherheit	Sicurezza
Transport	Trasporto
Tunnel	Tunnel
Unfall	Incidente
Verkehr	Traffico
Vorsicht	Attenzione

Fahrzeuge
Veicoli

Auto	Auto
Boot	Barca
Bus	Autobus
Fahrrad	Bicicletta
Fähre	Traghetto
Floss	Zattera
Flugzeug	Aereo
Hubschrauber	Elicottero
Krankenwagen	Ambulanza
Lkw	Camion
Motor	Motore
Rakete	Razzo
Reifen	Pneumatici
Roller	Scooter
Taxi	Taxi
Traktor	Trattore
U-Bahn	Metropolitana
U-Boot	Sottomarino
Wohnwagen	Caravan
Zug	Treno

Familie
Famiglia

Bruder	Fratello
Ehefrau	Moglie
Ehemann	Marito
Enkel	Nipote
Grossmutter	Nonna
Grossvater	Nonno
Kind	Bambino
Kindheit	Infanzia
Mutter	Madre
Mütterlich	Materno
Neffe	Nipote
Nichte	Nipote
Onkel	Zio
Schwester	Sorella
Tante	Zia
Tochter	Figlia
Vater	Padre
Väterlich	Paterno
Vetter	Cugino
Vorfahr	Antenato

Farben
Colori

Azurblau	Azzurro
Beige	Beige
Blau	Blu
Braun	Marrone
Fuchsie	Fucsia
Gelb	Giallo
Grau	Grigio
Grün	Verde
Indigo	Indaco
Lila	Viola
Magenta	Magenta
Orange	Arancia
Purpur	Cremisi
Rosa	Rosa
Rot	Rosso
Schwarz	Nero
Sepia	Seppia
Weiss	Bianco
Zyan	Ciano

Flugzeuge
Aeroplani

Abenteuer	Avventura
Abstieg	Discesa
Atmosphäre	Atmosfera
Ballon	Palloncino
Brennstoff	Carburante
Crew	Equipaggio
Design	Design
Geschichte	Storia
Himmel	Cielo
Höhe	Altezza
Konstruktion	Costruzione
Luft	Aria
Motor	Motore
Navigieren	Navigare
Passagier	Passeggero
Pilot	Pilota
Propeller	Eliche
Turbulenz	Turbolenza
Wasserstoff	Idrogeno
Wetter	Meteo

Formen
Forme

Bogen	Arco
Dreieck	Triangolo
Ecke	Angolo
Ellipse	Ellisse
Hyperbel	Iperbole
Kanten	Bordi
Kegel	Cono
Kreis	Cerchio
Kurve	Curva
Linie	Linea
Oval	Ovale
Polygon	Poligono
Prisma	Prisma
Pyramide	Piramide
Quadrat	Quadrato
Rechteck	Rettangolo
Rund	Rotondo
Seite	Lato
Würfel	Cubo
Zylinder	Cilindro

Garten
Giardino

Bank	Panca
Baum	Albero
Blume	Fiore
Boden	Suolo
Busch	Cespuglio
Garage	Garage
Garten	Giardino
Gras	Erba
Hängematte	Amaca
Obstgarten	Frutteto
Rasen	Prato
Rechen	Rastrello
Schaufel	Pala
Schlauch	Tubo
Teich	Stagno
Terrasse	Terrazza
Trampolin	Trampolino
Unkraut	Erbacce
Veranda	Portico
Zaun	Recinto

Gebäude
Edifici

Bauernhof	Fattoria
Botschaft	Ambasciata
Fabrik	Fabbrica
Garage	Garage
Herberge	Ostello
Hotel	Hotel
Kabine	Cabina
Kino	Cinema
Krankenhaus	Ospedale
Labor	Laboratorio
Museum	Museo
Observatorium	Osservatorio
Scheune	Fienile
Schule	Scuola
Stadion	Stadio
Supermarkt	Supermercato
Theater	Teatro
Turm	Torre
Universität	Università
Zelt	Tenda

Geburtstag
Compleanno

Einladungen	Inviti
Feier	Celebrazione
Freudig	Gioioso
Freunde	Amici
Geboren	Nato
Geschenk	Regalo
Glücklich	Felice
Jahr	Anno
Jung	Giovane
Kalender	Calendario
Karten	Carte
Kuchen	Torta
Lernen	Per Imparare
Lied	Canzone
Partei	Partito
Spass	Divertimento
Spezial	Speciale
Tag	Giorno
Weisheit	Saggezza
Zeit	Tempo

Gemüse
Verdure

Artischocke	Carciofo
Aubergine	Melanzana
Blumenkohl	Cavolfiore
Brokkoli	Broccolo
Erbse	Pisello
Gurke	Cetriolo
Ingwer	Zenzero
Karotte	Carota
Kartoffel	Patata
Knoblauch	Aglio
Kürbis	Zucca
Olive	Oliva
Petersilie	Prezzemolo
Pilz	Fungo
Rübe	Rapa
Salat	Insalata
Sellerie	Sedano
Spinat	Spinaci
Tomate	Pomodoro
Zwiebel	Cipolla

Geographie
Geografia

Atlas	Atlante
Äquator	Equatore
Berg	Montagna
Breite	Latitudine
Fluss	Fiume
Gebiet	Territorio
Hemisphäre	Emisfero
Höhe	Altitudine
Insel	Isola
Karte	Mappa
Kontinent	Continente
Land	Paese
Meer	Mare
Meridian	Meridiano
Norden	Nord
Ozean	Oceano
Region	Regione
Stadt	Città
Welt	Mondo
West	Ovest

Geologie
Geologia

Erdbeben	Terremoto
Erosion	Erosione
Fossil	Fossile
Geschmolzen	Fuso
Geysir	Geyser
Höhle	Caverna
Kalzium	Calcio
Kontinent	Continente
Koralle	Corallo
Lava	Lava
Mineralien	Minerali
Plateau	Altopiano
Quarz	Quarzo
Salz	Sale
Säure	Acido
Stalagmiten	Stalagmiti
Stalaktit	Stalattite
Stein	Pietra
Vulkan	Vulcano
Zone	Zona

Gewürze
Spezie

Anis	Anice
Bitter	Amaro
Curry	Curry
Fenchel	Finocchio
Geschmack	Gusto
Ingwer	Zenzero
Kardamom	Cardamomo
Knoblauch	Aglio
Kreuzkümmel	Cumino
Lakritze	Liquirizia
Muskatnuss	Noce Moscata
Paprika	Paprika
Pfeffer	Pepe
Safran	Zafferano
Salz	Sale
Sauer	Acido
Süss	Dolce
Vanille	Vaniglia
Zimt	Cannella
Zwiebel	Cipolla

Haartypen
Tipi di Capelli

Blond	Biondo
Braun	Marrone
Dick	Spessore
Dünn	Sottile
Farbig	Colorato
Geflochten	Intrecciato
Gesund	Sano
Grau	Grigio
Kahl	Calvo
Kurz	Breve
Lang	Lungo
Locken	Riccioli
Lockig	Riccio
Schwarz	Nero
Silber	Argento
Trocken	Asciutto
Weich	Morbido
Weiss	Bianco
Wellig	Ondulato
Zöpfe	Trecce

Haus
Casa

Besen	Scopa
Bibliothek	Biblioteca
Dach	Tetto
Dachboden	Attico
Decke	Soffitto
Dusche	Doccia
Fenster	Finestra
Garage	Garage
Garten	Giardino
Kamin	Camino
Küche	Cucina
Lampe	Lampada
Möbel	Mobilio
Schlüssel	Chiavi
Spiegel	Specchio
Treppe	Scale
Tür	Porta
Wand	Parete
Zaun	Recinto
Zimmer	Camera

Haustiere
Animali Domestici

Eidechse	Lucertola
Essen	Cibo
Fisch	Pesce
Hamster	Criceto
Hase	Coniglio
Hund	Cane
Katze	Gatto
Kätzchen	Gattino
Kragen	Collare
Krallen	Artigli
Kuh	Mucca
Leine	Guinzaglio
Maus	Topo
Papagei	Pappagallo
Schildkröte	Tartaruga
Schwanz	Coda
Tierarzt	Veterinario
Wasser	Acqua
Welpe	Cucciolo
Ziege	Capra

Insekten
Insetti

Ameise	Formica
Biene	Ape
Blattlaus	Afide
Floh	Pulce
Gottesanbeterin	Mantide
Heuschrecke	Cavalletta
Hornisse	Calabrone
Kakerlake	Scarafaggio
Käfer	Coleottero
Larve	Larva
Libelle	Libellula
Marienkäfer	Coccinella
Motte	Falena
Mücke	Zanzara
Schmetterling	Farfalla
Termite	Termite
Wespe	Vespa
Wurm	Verme
Zikade	Cicala

Katzen
Gatti

Fell	Pelliccia
Garn	Filo
Jäger	Cacciatore
Komisch	Divertente
Kralle	Artiglio
Liebevoll	Affettuoso
Maus	Topo
Neugierig	Curioso
Persönlichkeit	Personalità
Pfote	Zampa
Schlafen	Dormire
Schnell	Veloce
Schüchtern	Timido
Schwanz	Coda
Unabhängig	Indipendente
Verrückt	Pazzo
Verspielt	Giocoso
Wenig	Poco
Wild	Selvaggio

Kleidung
Vestiti

Armband	Braccialetto
Bluse	Camicetta
Gürtel	Cintura
Halskette	Collana
Handschuhe	Guanti
Hemd	Camicia
Hose	Pantaloni
Hut	Cappello
Jacke	Giacca
Jeans	Jeans
Kleid	Abito
Mantel	Cappotto
Mode	Moda
Pullover	Maglione
Rock	Gonna
Schal	Sciarpa
Schlafanzug	Pigiama
Schmuck	Gioiello
Schuh	Scarpa
Schürze	Grembiule

Klettern
Arrampicata

Atmosphäre	Atmosfera
Ausbildung	Formazione
Experte	Esperto
Führer	Guide
Gelände	Terreno
Handschuhe	Guanti
Helm	Casco
Höhe	Altitudine
Höhle	Grotta
Karte	Mappa
Neugier	Curiosità
Physisch	Fisico
Schmal	Stretto
Stabilität	Stabilità
Stärke	Forza
Stiefel	Stivali
Verletzung	Lesione
Wandern	Escursioni

Kräuterkunde
Erboristeria

Aromatisch	Aromatico
Basilikum	Basilico
Blume	Fiore
Dill	Aneto
Estragon	Dragoncello
Fenchel	Finocchio
Garten	Giardino
Geschmack	Gusto
Grün	Verde
Knoblauch	Aglio
Kulinarisch	Culinario
Lavendel	Lavanda
Majoran	Maggiorana
Petersilie	Prezzemolo
Qualität	Qualità
Rosmarin	Rosmarino
Safran	Zafferano
Thymian	Timo
Vorteilhaft	Benefico
Zutat	Ingrediente

Kunst
Arte

Ausdruck	Espressione
Ehrlich	Onesto
Einfach	Semplice
Gegenstand	Soggetto
Gemälde	Dipinti
Inspiriert	Ispirato
Keramik	Ceramica
Komplex	Complesso
Original	Originale
Persönlich	Personale
Poesie	Poesia
Porträtieren	Ritrarre
Schaffen	Creare
Skulptur	Scultura
Stimmung	Umore
Surrealismus	Surrealismo
Symbol	Simbolo
Visuell	Visivo
Zusammensetzung	Composizione

Kunst Liefert
Forniture Artistiche

Acryl	Acrilico
Bleistifte	Matite
Bürsten	Spazzole
Farben	Colori
Holzkohle	Carbone
Ideen	Idee
Kamera	Telecamera
Kreativität	Creatività
Leim	Colla
Öl	Olio
Papier	Carta
Radiergummi	Gomma
Staffelei	Cavalletto
Stuhl	Sedia
Tabelle	Tavolo
Tinte	Inchiostro
Ton	Argilla
Wasser	Acqua

Küche
Cucina

Essen	Cibo
Essstäbchen	Bacchette
Gabeln	Forchette
Gefrierschrank	Congelatore
Gewürze	Spezie
Grill	Griglia
Kelle	Mestolo
Krug	Brocca
Kühlschrank	Frigorifero
Löffel	Cucchiai
Messer	Coltelli
Ofen	Forno
Rezept	Ricetta
Schürze	Grembiule
Schüssel	Ciotola
Schwamm	Spugna
Serviette	Tovagliolo
Tassen	Tazze
Wasserkocher	Bollitore

Landschaften
Paesaggi

Berg	Montagna
Eisberg	Iceberg
Fluss	Fiume
Geysir	Geyser
Gletscher	Ghiacciaio
Golf	Golfo
Halbinsel	Penisola
Höhle	Grotta
Hügel	Collina
Insel	Isola
Meer	Mare
Oase	Oasi
See	Lago
Strand	Spiaggia
Sumpf	Palude
Tal	Valle
Tundra	Tundra
Vulkan	Vulcano
Wasserfall	Cascata
Wüste	Deserto

Länder #2
Paesi #2

Albanien	Albania
Äthiopien	Etiopia
Frankreich	Francia
Griechenland	Grecia
Haiti	Haiti
Irland	Irlanda
Jamaika	Giamaica
Japan	Giappone
Kenia	Kenya
Laos	Laos
Liberia	Liberia
Mexiko	Messico
Nepal	Nepal
Nigeria	Nigeria
Pakistan	Pakistan
Russland	Russia
Sudan	Sudan
Syrien	Siria
Uganda	Uganda
Ukraine	Ucraina

Literatur
Letteratura

Analogie	Analogia
Analyse	Analisi
Anekdote	Aneddoto
Autor	Autore
Beschreibung	Descrizione
Biographie	Biografia
Dialog	Dialogo
Erzähler	Narratore
Fiktion	Finzione
Gedicht	Poesia
Metapher	Metafora
Poetisch	Poetico
Reim	Rima
Rhythmus	Ritmo
Roman	Romanzo
Schlussfolgerung	Conclusione
Stil	Stile
Thema	Tema
Tragödie	Tragedia
Vergleich	Confronto

Mathematik
Matematica

Arithmetik	Aritmetica
Bruchteil	Frazione
Dezimal	Decimale
Dreieck	Triangolo
Durchmesser	Diametro
Exponent	Esponente
Geometrie	Geometria
Gleichung	Equazione
Kugel	Sfera
Parallel	Parallelo
Polygon	Poligono
Quadrat	Quadrato
Radius	Raggio
Rechteck	Rettangolo
Summe	Somma
Symmetrie	Simmetria
Umfang	Perimetro
Volumen	Volume
Winkel	Angoli
Zahlen	Numeri

Meditation
Meditazione

Annahme	Accettazione
Aufmerksamkeit	Attenzione
Bewegung	Movimento
Dankbarkeit	Gratitudine
Freundlichkeit	Gentilezza
Frieden	Pace
Gedanken	Pensieri
Geistig	Mentale
Glück	Felicità
Klarheit	Chiarezza
Lehre	Insegnamenti
Lernen	Per Imparare
Mitgefühl	Compassione
Musik	Musica
Natur	Natura
Perspektive	Prospettiva
Ruhig	Calma
Stille	Silenzio
Verstand	Mente
Wach	Sveglio

Meisterschaft
Campionato

Ausdauer	Resistenza
Champion	Campione
Finalist	Finalista
Liga	Lega
Mannschaft	Squadra
Medaille	Medaglia
Meisterschaft	Campionato
Motivation	Motivazione
Performance	Prestazione
Richter	Giudice
Schweiss	Sudore
Sieg	Vittoria
Spiele	Giochi
Sport	Sportivo
Strategie	Strategia
Trainer	Allenatore
Turnier	Torneo

Menschlicher Körper
Corpo Umano

Bein	Gamba
Blut	Sangue
Ellbogen	Gomito
Finger	Dito
Gehirn	Cervello
Gesicht	Faccia
Hals	Collo
Hand	Mano
Haut	Pelle
Herz	Cuore
Kiefer	Mascella
Kinn	Mento
Knie	Ginocchio
Knöchel	Caviglia
Kopf	Testa
Mund	Bocca
Nase	Naso
Ohr	Orecchio
Schulter	Spalla
Zunge	Lingua

Messungen
Misurazioni

Breite	Larghezza
Byte	Byte
Dezimal	Decimale
Gewicht	Peso
Grad	Grado
Gramm	Grammo
Höhe	Altezza
Kilogramm	Chilogrammo
Kilometer	Chilometro
Länge	Lunghezza
Liter	Litro
Masse	Massa
Meter	Metro
Minute	Minuto
Tiefe	Profondità
Tonne	Tonnellata
Unze	Oncia
Volumen	Volume
Zentimeter	Centimetro
Zoll	Pollice

Möbel
Mobili

Bank	Panca
Bett	Letto
Bücherregal	Libreria
Couch	Divano
Futon	Futon
Hängematte	Amaca
Kissen	Cuscino
Lampe	Lampada
Matratze	Materasso
Regal	Scaffali
Schrank	Armoire
Schreibtisch	Scrivania
Sessel	Poltrona
Spiegel	Specchio
Stuhl	Sedia
Teppich	Tappeto
Vorhang	Tende

Musikinstrumente
Strumenti Musicali

Banjo	Banjo
Cello	Violoncello
Fagott	Fagotto
Flöte	Flauto
Geige	Violino
Gitarre	Chitarra
Glockenspiel	Carillon
Gong	Gong
Harfe	Arpa
Klarinette	Clarinetto
Klavier	Pianoforte
Mandoline	Mandolino
Mundharmonika	Armonica
Oboe	Oboe
Posaune	Trombone
Saxophon	Sassofono
Schlagzeug	Percussione
Tamburin	Tamburello
Trommel	Tamburo
Trompete	Tromba

Mythologie
Mitologia

Archetyp	Archetipo
Blitz	Fulmine
Donner	Tuono
Eifersucht	Gelosia
Held	Eroe
Himmel	Paradiso
Katastrophe	Disastro
Kreation	Creazione
Kreatur	Creatura
Krieger	Guerriero
Kultur	Cultura
Labyrinth	Labirinto
Legende	Leggenda
Magisch	Magico
Monster	Mostro
Rache	Vendetta
Stärke	Forza
Sterblich	Mortale
Unsterblichkeit	Immortalità
Verhalten	Comportamento

Natur
Natura

Arktis	Artico
Berge	Montagne
Bienen	Api
Dynamisch	Dinamico
Erosion	Erosione
Fluss	Fiume
Gletscher	Ghiacciaio
Heiligtum	Santuario
Heiter	Sereno
Laub	Fogliame
Lebenswichtig	Vitale
Nebel	Nebbia
Schönheit	Bellezza
Schutz	Rifugio
Tiere	Animali
Tropisch	Tropicale
Wald	Foresta
Wild	Selvaggio
Wolken	Nuvole
Wüste	Deserto

Obst
Frutta

Ananas	Ananas
Apfel	Mela
Aprikose	Albicocca
Avocado	Avocado
Banane	Banana
Beere	Bacca
Birne	Pera
Brombeere	Mora
Himbeere	Lampone
Kirsche	Ciliegia
Kiwi	Kiwi
Kokosnuss	Noce di Cocco
Melone	Melone
Nektarine	Nettarina
Orange	Arancia
Papaya	Papaia
Pfirsich	Pesca
Pflaume	Prugna
Traube	Uva
Zitrone	Limone

Ozean
Oceano

Aal	Anguilla
Auster	Ostrica
Boot	Barca
Delfin	Delfino
Fisch	Pesce
Garnele	Gamberetto
Gezeiten	Maree
Hai	Squalo
Koralle	Corallo
Krabbe	Granchio
Krake	Polpo
Qualle	Medusa
Riff	Scogliera
Salz	Sale
Schildkröte	Tartaruga
Schwamm	Spugna
Sturm	Tempesta
Thunfisch	Tonno
Wal	Balena
Wellen	Onde

Ökologie
Ecologia

Art	Specie
Berge	Montagne
Dürre	Siccità
Fauna	Fauna
Flora	Flora
Freiwillige	Volontari
Gemeinschaft	Comunità
Global	Globale
Klima	Clima
Lebensraum	Habitat
Marine	Marino
Nachhaltig	Sostenibile
Natur	Natura
Natürlich	Naturale
Pflanzen	Piante
Ressourcen	Risorse
Sumpf	Palude
Überleben	Sopravvivenza
Vegetation	Vegetazione
Vielfalt	Diversità

Pflanzen
Piante

Bambus	Bambù
Baum	Albero
Beere	Bacca
Blatt	Foglia
Blume	Fiore
Blütenblatt	Petalo
Bohne	Fagiolo
Botanik	Botanica
Busch	Cespuglio
Dünger	Fertilizzante
Efeu	Edera
Flora	Flora
Garten	Giardino
Gras	Erba
Kaktus	Cactus
Laub	Fogliame
Moos	Muschio
Vegetation	Vegetazione
Wald	Foresta
Wurzel	Radice

Piraten
Pirati

Abenteuer	Avventura
Anker	Ancora
Crew	Equipaggio
Flagge	Bandiera
Gefahr	Pericolo
Gold	Oro
Höhle	Grotta
Insel	Isola
Kapitän	Capitano
Karte	Mappa
Kompass	Bussola
Legende	Leggenda
Münzen	Monete
Narbe	Cicatrice
Papagei	Pappagallo
Rum	Rum
Schatz	Tesoro
Schlecht	Cattivo
Schwert	Spada
Strand	Spiaggia

Regenwald
Foresta Pluviale

Amphibien	Anfibi
Art	Specie
Botanisch	Botanico
Dschungel	Giungla
Einheimisch	Indigeno
Gemeinschaft	Comunità
Insekten	Insetti
Klima	Clima
Moos	Muschio
Natur	Natura
Respekt	Rispetto
Säugetiere	Mammiferi
Überleben	Sopravvivenza
Vielfalt	Diversità
Vögel	Uccelli
Wertvoll	Prezioso
Wolken	Nuvole
Zuflucht	Rifugio

Restaurant #1
Ristorante #1

Allergie	Allergia
Brot	Pane
Dessert	Dessert
Essen	Cibo
Fleisch	Carne
Huhn	Pollo
Kaffee	Caffè
Kassierer	Cassiere
Kellnerin	Cameriera
Küche	Cucina
Menü	Menù
Messer	Coltello
Reservierung	Prenotazione
Schüssel	Ciotola
Serviette	Tovagliolo
Sosse	Salsa
Teller	Piatto
Würzig	Piccante

Restaurant #2
Ristorante #2

Abendessen	Cena
Eier	Uova
Eis	Ghiaccio
Fisch	Pesce
Frucht	Frutta
Gabel	Forchetta
Gemüse	Verdure
Getränk	Bevanda
Gewürze	Spezie
Kellner	Cameriere
Köstlich	Delizioso
Kuchen	Torta
Löffel	Cucchiaio
Mittagessen	Pranzo
Salat	Insalata
Salz	Sale
Stuhl	Sedia
Suppe	Minestra
Vorspeise	Aperitivo
Wasser	Acqua

Säugetiere
Mammiferi

Affe	Scimmia
Bär	Orso
Biber	Castoro
Elefant	Elefante
Fuchs	Volpe
Giraffe	Giraffa
Gorilla	Gorilla
Hund	Cane
Känguru	Canguro
Kojote	Coyote
Löwe	Leone
Panther	Pantera
Pferd	Cavallo
Ratte	Ratto
Schaf	Pecora
Stier	Toro
Tiger	Tigre
Wal	Balena
Wolf	Lupo
Zebra	Zebra

Schach
Scacchi

Champion	Campione
Diagonal	Diagonale
Gegner	Avversario
Klug	Intelligente
König	Re
Königin	Regina
Lernen	Per Imparare
Opfer	Sacrificio
Passiv	Passivo
Punkte	Punti
Regeln	Regole
Schwarz	Nero
Spiel	Gioco
Spieler	Giocatore
Strategie	Strategia
Turnier	Torneo
Weiss	Bianco
Wettbewerb	Concorso
Zeit	Tempo

Schlösser
Castelli

Drache	Drago
Dynastie	Dinastia
Edel	Nobile
Einhorn	Unicorno
Festung	Fortezza
Feudal	Feudale
Katapult	Catapulta
Königreich	Regno
Krone	Corona
Palast	Palazzo
Pferd	Cavallo
Prinz	Principe
Prinzessin	Principessa
Reich	Impero
Ritter	Cavaliere
Rüstung	Armatura
Schild	Scudo
Schwert	Spada
Turm	Torre
Wand	Parete

Schokolade
Cioccolato

Antioxidans	Antiossidante
Aroma	Aroma
Bitter	Amaro
Essen	Mangiare
Exotisch	Esotico
Favorit	Preferito
Geschmack	Gusto
Handwerklich	Artigianale
Kakao	Cacao
Kalorien	Calorie
Karamell	Caramello
Kokosnuss	Noce di Cocco
Köstlich	Delizioso
Pulver	Polvere
Qualität	Qualità
Rezept	Ricetta
Süss	Dolce
Verlangen	Brama
Zucker	Zucchero
Zutat	Ingrediente

Schule #1
Scuola #1

Alphabet	Alfabeto
Antworten	Risposte
Bibliothek	Biblioteca
Bleistift	Matita
Bücher	Libri
Freunde	Amici
Klassenzimmer	Aula
Lehrer	Insegnante
Lernen	Per Imparare
Lesen	Leggere
Mathematik	Matematica
Mittagessen	Pranzo
Ordner	Cartelle
Papier	Carta
Prüfungen	Esami
Quiz	Quiz
Schreibtisch	Scrivania
Spass	Divertimento
Stifte	Penne
Stuhl	Sedia

Schule #2
Scuola #2

Bibliothek	Biblioteca
Bildung	Educazione
Bleistift	Matita
Bus	Autobus
Bücher	Libri
Computer	Computer
Grammatik	Grammatica
Kalender	Calendario
Lehrer	Insegnante
Lernen	Apprendimento
Lesen	Lettura
Literatur	Letteratura
Papier	Carta
Radiergummi	Gomma
Rucksack	Zaino
Schere	Forbici
Spiele	Giochi
Stifte	Penne
Wissenschaft	Scienza
Wörterbuch	Dizionario

Science Fiction
Fantascienza

Bücher	Libri
Dystopie	Distopia
Explosion	Esplosione
Extrem	Estremo
Fantastisch	Fantastico
Feuer	Fuoco
Futuristisch	Futuristico
Galaxie	Galassia
Geheimnisvoll	Misterioso
Illusion	Illusione
Imaginär	Immaginario
Kino	Cinema
Orakel	Oracolo
Planet	Pianeta
Realistisch	Realistico
Roboter	Robot
Szenario	Scenario
Technologie	Tecnologia
Utopie	Utopia
Welt	Mondo

Sommer
Estate

Bücher	Libri
Camping	Campeggio
Entspannung	Rilassamento
Erinnerungen	Ricordi
Essen	Cibo
Familie	Famiglia
Freizeit	Tempo Libero
Freude	Gioia
Freunde	Amici
Garten	Giardino
Meer	Mare
Musik	Musica
Reise	Viaggio
Sandalen	Sandali
Schwimmen	Nuotare
Spiele	Giochi
Sterne	Stelle
Strand	Spiaggia
Tauchen	Immersione
Urlaub	Vacanza

Spielzeuge
Giocattoli

Auto	Auto
Ball	Palla
Boot	Barca
Bücher	Libri
Drachen	Aquilone
Fahrrad	Bicicletta
Favorit	Preferito
Flugzeug	Aereo
Kunsthandwerk	Artigianato
Lkw	Camion
Phantasie	Immaginazione
Puppe	Bambola
Puzzle	Puzzle
Roboter	Robot
Schach	Scacchi
Schlagzeug	Batteria
Spiele	Giochi
Ton	Argilla
Zug	Treno

Sport
Sport

Athlet	Atleta
Baseball	Baseball
Basketball	Basket
Bewegung	Movimento
Eishockey	Hockey
Fahrrad	Bicicletta
Gewinner	Vincitore
Golf	Golf
Gymnasium	Palestra
Gymnastik	Ginnastica
Mannschaft	Squadra
Meisterschaft	Campionato
Schiedsrichter	Arbitro
Schwimmen	Nuotare
Spiel	Gioco
Spieler	Giocatore
Stadion	Stadio
Tennis	Tennis
Trainer	Allenatore

Stadt
Città

Apotheke	Farmacia
Bank	Banca
Bäckerei	Panetteria
Bibliothek	Biblioteca
Blumenhändler	Fiorista
Buchhandlung	Libreria
Flughafen	Aeroporto
Galerie	Galleria
Hotel	Hotel
Kino	Cinema
Klinik	Clinica
Markt	Mercato
Museum	Museo
Restaurant	Ristorante
Schule	Scuola
Stadion	Stadio
Supermarkt	Supermercato
Theater	Teatro
Universität	Università
Zoo	Zoo

Strand
Spiaggia

Blau	Blu
Boot	Barca
Dock	Dock
Handtuch	Asciugamano
Insel	Isola
Krabbe	Granchio
Küste	Costa
Lagune	Laguna
Meer	Mare
Ozean	Oceano
Regenschirm	Ombrello
Riff	Scogliera
Sand	Sabbia
Sandalen	Sandali
Schwimmen	Nuotare
Segelboot	Barca a Vela
Sonne	Sole
Urlaub	Vacanza

Surfen
Surf

Anfänger	Principiante
Athlet	Atleta
Beliebt	Popolare
Champion	Campione
Extrem	Estremo
Geschwindigkeit	Velocità
Magen	Stomaco
Mengen	Folla
Ozean	Oceano
Paddel	Pagaia
Riff	Scogliera
Schaum	Schiuma
Schwimmen	Nuotare
Spass	Divertimento
Spray	Spray
Stärke	Forza
Stil	Stile
Strand	Spiaggia
Welle	Onda
Wetter	Meteo

Tage und Monate
Giorni e Mesi

August	Agosto
Dezember	Dicembre
Dienstag	Martedì
Donnerstag	Giovedì
Februar	Febbraio
Freitag	Venerdì
Jahr	Anno
Januar	Gennaio
Juli	Luglio
Juni	Giugno
Kalender	Calendario
Mittwoch	Mercoledì
Monat	Mese
Montag	Lunedì
November	Novembre
Oktober	Ottobre
Samstag	Sabato
September	Settembre
Sonntag	Domenica
Woche	Settimana

Tanzen
Danza

Akademie	Accademia
Anmut	Grazia
Ausdrucksvoll	Espressivo
Bewegung	Movimento
Choreographie	Coreografia
Emotion	Emozione
Freudig	Gioioso
Haltung	Postura
Klassisch	Classico
Körper	Corpo
Kultur	Cultura
Kulturell	Culturale
Kunst	Arte
Musik	Musica
Partner	Compagno
Probe	Prova
Rhythmus	Ritmo
Springen	Salto
Traditionell	Tradizionale
Visuell	Visivo

Technologie
Tecnologia

Bildschirm	Schermo
Blog	Blog
Browser	Browser
Bytes	Byte
Computer	Computer
Cursor	Cursore
Datei	File
Daten	Dati
Digital	Digitale
Forschung	Ricerca
Internet	Internet
Kamera	Telecamera
Nachricht	Messaggio
Schriftart	Font
Sicherheit	Sicurezza
Software	Software
Statistik	Statistiche
Virtuell	Virtuale
Virus	Virus

Tugenden #1
Virtù #1

Bescheiden	Modesto
Charmant	Affascinante
Effizient	Efficiente
Entscheidend	Decisivo
Geduldig	Paziente
Grosszügig	Generoso
Gut	Buono
Hilfreich	Utile
Intelligent	Intelligente
Komisch	Divertente
Künstlerisch	Artistico
Leidenschaftlich	Appassionato
Neugierig	Curioso
Praktisch	Pratico
Sauber	Pulito
Unabhängig	Indipendente
Weise	Saggio
Zuverlässig	Affidabile

Urlaub #1
Vacanza #1

Abreise	Partenza
Auto	Auto
Entspannung	Rilassamento
Expedition	Spedizione
Fahrkarte	Biglietto
Flugzeug	Aereo
Koffer	Valigia
Museum	Museo
Regenschirm	Ombrello
Route	Itinerario
Rucksack	Zaino
Schwimmen	Nuotare
See	Lago
Strassenbahn	Tram
Tourist	Turismo
Währung	Valuta
Zoll	Dogana

Urlaub #2
Vacanze #2

Ausländer	Straniero
Berge	Montagne
Camping	Campeggio
Flughafen	Aeroporto
Freizeit	Tempo Libero
Hotel	Hotel
Insel	Isola
Karte	Mappa
Meer	Mare
Pass	Passaporto
Reise	Viaggio
Restaurant	Ristorante
Strand	Spiaggia
Taxi	Taxi
Transport	Trasporto
Urlaub	Vacanza
Visum	Visto
Zelt	Tenda
Ziel	Destinazione
Zug	Treno

Vögel
Uccelli

Adler	Aquila
Ei	Uovo
Ente	Anatra
Eule	Gufo
Flamingo	Fenicottero
Gans	Oca
Huhn	Pollo
Kuckuck	Cuculo
Möwe	Gabbiano
Papagei	Pappagallo
Pelikan	Pellicano
Pfau	Pavone
Pinguin	Pinguino
Rabe	Corvo
Reiher	Airone
Schwan	Cigno
Spatz	Passero
Storch	Cicogna
Taube	Piccione
Toucan	Tucano

Wandern
Escursionismo

Berg	Montagna
Camping	Campeggio
Führer	Guide
Gefahren	Pericoli
Gipfel	Vertice
Karte	Mappa
Klima	Clima
Klippe	Scogliera
Müde	Stanco
Natur	Natura
Orientierung	Orientamento
Schwer	Pesante
Sonne	Sole
Steine	Pietre
Stiefel	Stivali
Tiere	Animali
Vorbereitung	Preparazione
Wasser	Acqua
Wetter	Meteo
Wild	Selvaggio

Wasser
Acqua

Bewässerung	Irrigazione
Dampf	Vapore
Dusche	Doccia
Eis	Ghiaccio
Feucht	Umido
Feuchtigkeit	Umidità
Fluss	Fiume
Flut	Alluvione
Frost	Gelo
Geysir	Geyser
Hurrikan	Uragano
Kanal	Canale
Monsun	Monsone
Ozean	Oceano
Regen	Pioggia
Schnee	Neve
See	Lago
Trinkbar	Potabile
Verdunstung	Evaporazione
Wellen	Onde

Wetter
Meteo

Atmosphäre	Atmosfera
Blitz	Fulmine
Brise	Brezza
Donner	Tuono
Dürre	Siccità
Eis	Ghiaccio
Himmel	Cielo
Hurrikan	Uragano
Klima	Clima
Monsun	Monsone
Nebel	Nebbia
Polar	Polare
Regenbogen	Arcobaleno
Sturm	Tempesta
Temperatur	Temperatura
Tornado	Tornado
Trocken	Asciutto
Tropisch	Tropicale
Wind	Vento
Wolke	Nube

Wissenschaft
Scienza

Atom	Atomo
Chemisch	Chimico
Daten	Dati
Evolution	Evoluzione
Experiment	Esperimento
Fossil	Fossile
Hypothese	Ipotesi
Klima	Clima
Labor	Laboratorio
Methode	Metodo
Mineralien	Minerali
Moleküle	Molecole
Natur	Natura
Organismus	Organismo
Partikel	Particelle
Pflanzen	Piante
Physik	Fisica
Schwerkraft	Gravità
Tatsache	Fatto
Wissenschaftler	Scienziato

Wissenschaftliche Disziplinen
Discipline Scientifiche

Anatomie	Anatomia
Archäologie	Archeologia
Astronomie	Astronomia
Biochemie	Biochimica
Biologie	Biologia
Botanik	Botanica
Chemie	Chimica
Geologie	Geologia
Immunologie	Immunologia
Kinesiologie	Kinesiologia
Linguistik	Linguistica
Mechanik	Meccanica
Mineralogie	Mineralogia
Neurologie	Neurologia
Ökologie	Ecologia
Physiologie	Fisiologia
Psychologie	Psicologia
Soziologie	Sociologia
Thermodynamik	Termodinamica
Zoologie	Zoologia

Zahlen
Numeri

Acht	Otto
Achtzehn	Diciotto
Dezimal	Decimale
Drei	Tre
Dreizehn	Tredici
Fünf	Cinque
Fünfzehn	Quindici
Neun	Nove
Neunzehn	Diciannove
Null	Zero
Sechs	Sei
Sechzehn	Sedici
Sieben	Sette
Siebzehn	Diciassette
Vier	Quattro
Vierzehn	Quattordici
Zehn	Dieci
Zwanzig	Venti
Zwei	Due
Zwölf	Dodici

Zeit
Tempo

Gestern	Ieri
Heute	Oggi
Jahr	Anno
Jahrhundert	Secolo
Jahrzehnt	Decennio
Jährlich	Annuale
Kalender	Calendario
Minute	Minuto
Mittag	Mezzogiorno
Moment	Momento
Monat	Mese
Morgen	Mattina
Nach	Dopo
Nacht	Notte
Stunde	Ora
Tag	Giorno
Uhr	Orologio
Vor	Prima
Woche	Settimana
Zukunft	Futuro

Zirkus
Circo

Affe	Scimmia
Akrobat	Acrobata
Clown	Clown
Elefant	Elefante
Fahrkarte	Biglietto
Jongleur	Giocoliere
Kostüm	Costume
Löwe	Leone
Magie	Magia
Musik	Musica
Parade	Parata
Spektakulär	Spettacolare
Tiere	Animali
Tiger	Tigre
Trick	Trucco
Unterhalten	Intrattenere
Zauberer	Mago
Zeigen	Mostrare
Zelt	Tenda
Zuschauer	Spettatore

Zu Füllen
Riempire

Becken	Bacino
Box	Scatola
Eimer	Secchio
Fass	Barile
Flasche	Bottiglia
Karton	Cartone
Kiste	Cassa
Koffer	Valigia
Korb	Cesto
Mappe	Cartella
Paket	Pacchetto
Rohr	Tubo
Schiff	Nave
Schublade	Cassetto
Tablett	Vassoio
Tasche	Borsa
Umschlag	Busta
Vase	Vaso
Wanne	Vasca

Gratuliere

Sie haben es geschafft !!

Wir hoffen, dass euch dieses Buch genauso viel Spaß gemacht hat wie uns dessen Herstellung. Wir tun unser Bestes, um qualitativ hochwertige Spiele zu erfinden. Diese Rätsel sind auf eine clevere Art und Weise entworfen, damit sie aktiv lernen und daran Vergnügen finden.

Hat ihnen das Buch gefallen ?

Eine einfache Bitte

Unsere Bücher existieren dank der Rezensionen, die sie veröffentlichen. Können sie uns helfen indem sie jetzt eine Meinung hinterlassen ?

Hier ist ein kurzer Link, der Sie zu ihrer Bewertungsseite führt

 BestBooksActivity.com/Rezension50

MONSTER HERAUSFÖRDERUNGEN !

Herausförderung 1

Bereit für ihr Bonusspiel? Wir verwenden sie ständig, aber sie sind nicht einfach zu finden. Es sind die Synonyme !

Notieren sie 5 Wörter, die sie in den untenstehenden Rätseln (Nummer 21, 36 und 76) entdeckt haben und versuchen sie für jedes Wort 2 Synonyme zu finden .

Notieren sie 5 Wörter aus **Rätsel 21**

Wörter	Synonym 1	Synonym 2

Notieren sie 5 Wörter aus **Rätsel 36**

Wörter	Synonym 1	Synonym 2

Notieren sie 5 Wörter aus **Rätsel 76**

Wörter	Synonym 1	Synonym 2

Herausförderung 2

Jetzt, wo sie warm sind, notieren sie 5 Wörter, die sie in jedem der untenaufgeführten Rätseln entdeckt haben (Nummer 9, 17 und 25) und versuchen sie für jedes Wort 2 Antonyme zu finden. Wie viele davon können sie binnen 20 Minuten finden ?

*Notieren sie 5 Wörter aus **Rätsel 9***

Wörter	Antonym 1	Antonym 2

*Notieren sie 5 Wörter aus **Rätsel 17***

Wörter	Antonym 1	Antonym 2

*Notieren sie 5 Wörter aus **Rätsel 25***

Wörter	Antonym 1	Antonym 2

Herausförderung 3

Wunderbar, diese Monster Herausförderung 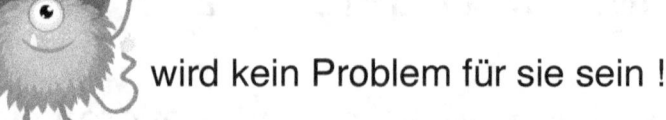 wird kein Problem für sie sein !

Bereit für die letzte Herausförderung? Wählen sie ihre 10 Lieblingswörter aus, die sie in einem Rätsel entdeckt haben und notieren sie sie unten.

1.	6.
2.	7.
3.	8.
4.	9.
5.	10.

Die Aufgabe besteht nun darin mit diesen Wörtern und in maximal sechs Sätzen einen Text herzustellen über eine Person, ein Tier oder ein Ort den sie lieben !

Tipp : sie können die letzten leeren Seiten dieses Buches als Entwurf verwenden

Ihr Schreiben :

_____

_____

_____

_____

_____

_____

_____

NOTIZBUCH :

AUF BALDIGES WIEDERSEHEN !

Linguas Classics

KOSTENLOSE SPIELE GENIESSEN

GO

↓

BESTACTIVITYBOOKS.COM/FREEGAMES